MW01632773

Al lector

Este libro probablemente haya llegado a su vida de una manera extraña, la ley de la causa, al terminar su lectura, de su libertad depende lo que desee hacer, si considera que en algo le ha servido, emita pensamientos de gratitud y amor, a quien le hizo que llegará a sus manos.

Es tan solo una charla con la muerte, algo que, aunque su temor le impida pensar, algún día inevitablemente tendrá que afrontar. De usted dependerá ser un sembrador de vida...

Si al final de su lectura considera que no le aporto nada, le pedimos amablemente lo deje abandonado en cualquier lugar, sin duda atraerá un alma que lo valore. Si llega al final y desea ser sembrador de vida, ese acto trascenderá en sus encarnaciones.

Al final del sendero de la vida, cuando esté frente a frente con la muerte, deberá hacer un juicio, donde lo más importante es, ¿Qué dejó de hacer en su vida, pudiendo hacerlo?

Omar Hejeile Ch.

AUTOR
Omar Hejeile Ch.

Editorial Wicca, rescata el poder inconmensurable del ser humano y la naturaleza; un poder que todos poseen, sienten, perciben, pero pocos conocen, a través de los textos, programas de radio, se invita sin imponer una verdad o un concepto, para que cada uno que siente el llamado desde su interior, quien descubre la magia de los sueños, y desea obtener el conocimiento, por ende, la transformación de su vida alcance el centro de la **felicidad.**
La vieja religión ha renacido…
y está en sus manos.

WICCA
ESCUELA DE MAGIA

La vieja religión basada en el conocimiento mágico, de viejas culturas perdidas en el tiempo, escapadas del mundo de los hiperbóreos renacen como el fénix la armonía del hombre con la naturaleza.

Wicca, vocablo que procede de Wise, Wizard, significa *"El oficio de los sabios" "Los artesanos de la sabiduría"* Durante milenios de persecución, los documentos antiguos de la vieja religión permanecieron ocultos esperando el momento propicio del renacer, ahora, Wicca, recupera algunos de los viejos conocimientos del influjo lunar, el sol, los grandes Sabbats, el poder secreto de los encantamientos y embrujos, el arte de los sortilegios, el infinito mundo mágico de las plantas, el secreto de las estrellas.

Mas información en :
www.ofiuco.com
www.radiokronos.com
www.wiccausa.com

CHARLAS CON LA MUERTE

EL VALOR DE LA VIDA

CHARLAS CON LA MUERTE

¿Estoy muerto?

Es la corta frase que avisa, que la vida ha concluido, todo ha terminado, el mundo de las oportunidades, la fuente inagotable de opciones y oportunidades, son gotas que se evaporan en las arenas desérticas de un mañana que jamás volverá a existir.

Todo ha terminado, la vida se ha extinguido, pero… En el mismo y lúgubre instante… Otra vida… Otra experiencia fantástica… Ha comenzado.

...Está a punto de ingresar a un universo desconocido, está a punto de abrir la puerta de las fronteras de la vida e ingresar en los laberintos extraños, abismales, tenebrosos de la muerte.

Un mundo paralelo donde la vida toma fuerza y el espíritu se libera de las cadenas de la tierra, el mundo de la muerte tan vacío y extraño, donde las almas perpetuas claman por tan solo un segundo más de vida, pero el silencio agónico de la partida, el arcano lejano de lo vivido, en recuerdos peregrinos de alboradas ya marchitas, yacen dormidos en el infranqueable ayer.

Tumbas decoradas, cadáveres atrapados en las suaves gasas que arrullan los fríos esqueletos petrificados en sus cajas, cuevas obscuras puertas a la eternidad donde

las cuencas vacías miran sin mirar la vida perdida o la gloria alcanzada antes de la inevitable partida.

Todo transcurre en el tiempo sin tiempo, tan solo un instante separa el frágil abismo de la vida con la muerte, sin importar como sobrevenga el fin es el mismo, una suave penumbra envuelve los sentidos, una agradable niebla sujeta el alma, se escapan los sentimientos y parten las ilusiones, todo se desvanece para siempre en la nada.

La historia se inicia... Como presagio de lo que se vivirá mañana, la cita pospuesta se ha de cumplir sin saber ni cuándo ni dónde ha de sobrevenir, pero un día, una hora, un minuto, un segundo, será el último segundo para existir.

Los ojos abiertos ven sin ver, el cuerpo queda inerte, el cause carmesí de la vida detiene su andar, el aire fuente de suspiros ha agotado los sentidos, el frío de la nada aparece con su negra mortaja y la muerte bienhechora libera el alma.

Todo sucede en el tiempo sin tiempo, cual melodía eterna la vida se escapa, es allí, donde se contempla

por un instante, con una fugaz mirada, el segundo que marca; el fin de la jornada.

Luces celestiales, puertas angelicales, paisajes encantados embargan el espíritu la calidez de un sentir que extasía los sentidos, no hay dolor, no hay gemidos, no hay temor, no hay nada, solo esa extraña sensación inenarrable de libertad, profundo amor y paz.

... Se estremece el alma al estar fuera del cuerpo, el momento de la muerte es un instante sin importar como ocurra, accidente, enfermedad, todo es lo mismo, la muerte como tal no se siente, la gran mayoría no se dan cuenta, que están muertos, la consciencia sigue intacta, solo cuando la materia no existe se comprende la realidad, que esta vida para siempre ha dejado de existir, en el profundo universo de la nada.

La obscuridad repentina, la sensación de vacío, todos los sentidos se agudizan, todas las emociones se calman, todo desaparece, el dolor físico no existe, en un instante todo es diferente, el espíritu se escapa como una niebla que fluye, se está fuera en una fantástica experiencia, se libera el alma.

Por un tiempo sin tiempo, se contempla el cuerpo inerte, la mente sigue viva conservando la identidad y los recuerdos, pero ya no hay la unión sagrada entre este mundo y el espíritu, ese lazo se ha roto para siempre.

Se contempla el mundo material, como el último destello, todo lo que en vida formó parte de la existencia, un cuerpo, objetos, tesoros, recuerdos, riquezas, todo se desvanece en la nada.

Nada se puede sentir, nada se puede tocar, nada existe en la realidad, todas las cosas que en su momento fueron parte de la vida material, ahora son inalcanzables, el cuerpo a través del cual el espíritu convivía ya ha dejado de ser parte de la vivencia, ahora es una cárcel abandonada, algo grotesco, una prisión que se destruye lentamente y para siempre nada.

Se siente gratitud y miedo, mucho miedo, ver el cuerpo cadavérico e inerte, los ojos sin brillo, la rigidez perpetua, el semblante pálido y macabro de la muerte.

La última visión del mundo material, no hay dolor... Ni pena... El shock inicial, lentamente va produciendo una calma indescriptible.

Las emociones se armonizan, el tránsito al más allá, es de cierta manera agradable, una serenidad y calma que antecede con la peor de las tormentas del alma.

… Todo se desvaneció, una extraña niebla manaba lentamente de todos los lugares, la muerte agazapada flotaba, no existe un cuerpo, nada, solo se está ahí, es una sensación extraña, es un pensamiento vivo, sin emociones, sin sentidos, sin nada…, pero allí, está toda la vida, se está fundido con todo cuanto existe, si es que existe.

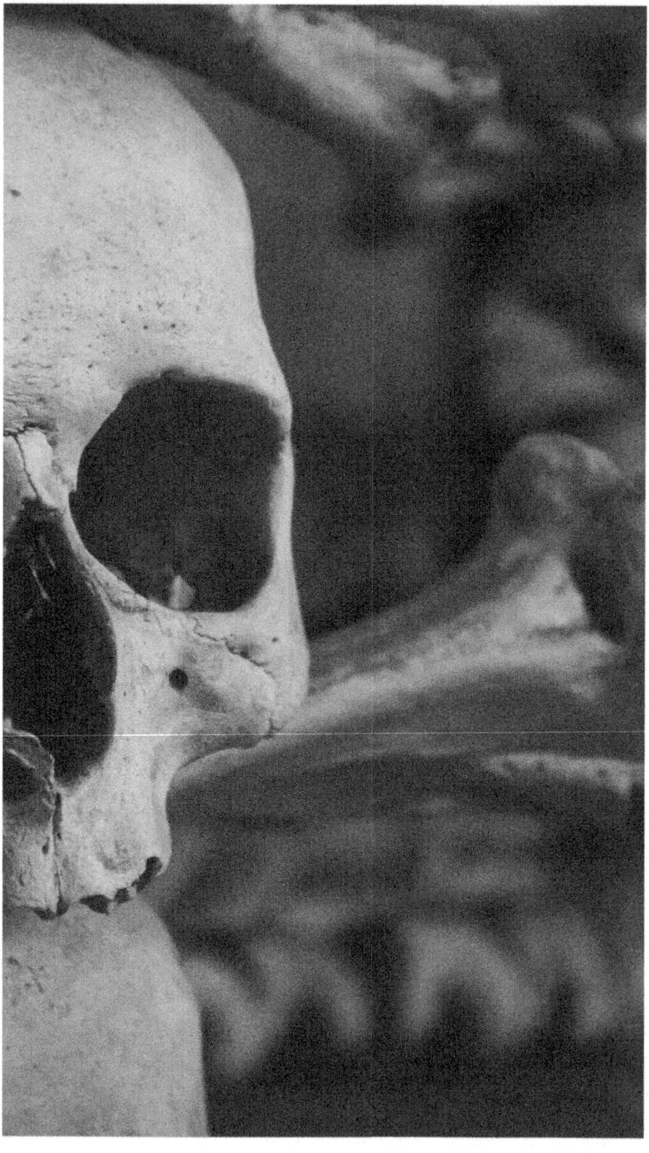

CHARLAS CON LA MUERTE

Pocas veces en la vida se tiene la oportunidad de dialogar con la muerte, si bien, algún día sobrevendrá, en el sendero de la existencia permanece agazapada en el mundo de las sombras, observando el diario vivir mientras espera el momento justo para extinguir la vida liberando las almas.

Pero... He tenido la lúgubre experiencia de tener un diálogo con la muerte.

No es fácil estar frente a frente con el ente más temido, aquel que tiene el poder para acabar en un segundo todos los sueños, deseos, anhelos que conforman la vida.

No voy a narrar el encuentro como tal, pero puede conocerlo en el libro *"Señales del más allá"*

La muerte; una sombra sin forma, una gasa obscura, fría, movida por un inmenso amor, o un sentimiento más que el amor.

La vi... Con su extraño manto y su capuchón vacío, donde solo existe la nada.

La sombra tomó forma... Un hábito raído por los tiempos eternos, hecho girones por los vientos de la eternidad apareció en la visión extraña al estar frente a frente con la muerte.

Me fue cubriendo lentamente, se paralizaron mis sentidos, lentamente mi espíritu fue atrapado, aparecí en un extraño jardín, un campo semejante a un infinito trigal, allí se inició esta charla con la muerte.

FRENTE A FRENTE CON LA MUERTE

¿Es mi hora? Con temor pregunté, ha llegado el momento de abandonar la vida.

No: *... Escuche esa voz, que no es de hombre ni de mujer, esa voz que tiene una extraña vibración, un sonido que toca y retumba en el alma.*

Solo te he invitado para responder tus preguntas, aquellas que quedaron inconclusas en nuestro encuentro...

Querías saber a dónde van los muertos, descubrir los laberintos que atan los destinos transformando las encarnaciones.

Hoy... **S**abrás que hay más allá de la muerte...

Se está vivo, el mundo es una colmena de rutinas, se ama, se lucha, se disfruta de la vida, pero... Poco se conoce de la muerte, al tener la oportunidad me aventuré a buscar las macabras respuestas de la cita que algún día, todos cumplirán.

Desde el accidente, la presencia de la muerte y sus misterios despertó en mí la inquietud de conocer el otro universo, saber que existe, no como una leyenda, sino poder desentrañar los secretos de la vida.

Debo remitir al lector con el libro **Señales del Más Allá**, donde la experiencia cercana a la muerte permitió este encuentro, usted está en la libertad total de juzgarlo, al final puede ser tan solo una falacia, o una realidad algún día, quizá después de la muerte lo comprenderá.

No es fácil interrogar a la muerte, pero intente hacer las preguntas comunes, con algo de familiaridad desde el primer encuentro, la charla fue normal y simple.

Sea la oportunidad para hacer público, mi gratitud a la muerte, no solo por este conocimiento, sino por tantas puertas que he conocido y expuesto a través de los libros.

La muerte es vida y la magia el puente que las une... Gratitud...

De esta forma, se desarrolló el diálogo... ¿Qué sucede luego de la muerte?

Bueno... *Dijo*... Siempre aparece la misma pregunta, cuando se libera un alma.

¿Estoy muerto?

Es la frase, que abre la puerta del otro mundo, otra vida, otra experiencia, el momento trascendental, donde cada cual se enfrentará con su consciencia.

Es el inicio del viaje sin retorno, pero luego de la muerte se presentan las ataduras que llegan a fragmentar el espíritu, hay almas que luchan por volver, pero... Solo atraviesan el cadáver, quieren abrazar, pero no pueden, quieren aferrarse a sus tesoros, pero ni siquiera pueden tocarlos.

Otras almas con grandes amores se apegan, luchan y sufren por desprenderse del mundo, algunas no lo logran, tristemente quedan atrapadas vagando cual fantasmas por los tiempos. No es fácil partir, cuando quedan muchas tareas inconclusas, los apegos materiales son anclas difíciles de cortar.

Quienes transitan al más allá, traspasan las puertas de no retorno, para enfrentar el juicio de la muerte.

¿Eres juez de las vidas?

No, cada cual se juzgará: en el deambular de la existencia, vas guardando cada uno de tus actos, todos, están impresos en tu alma, al liberarte de la vida, los recuerdos emergen sin control, y tú... Podrás verlos, serás el espectador, juez y jurado de tu vida.

Es esa hora, la de vaciar la copa del alma para volver a ser llenada, es el instante detenido en el tiempo donde se debe vencer al guardián de las encarnaciones...

En una visión, cada uno será el juez, el jurado, y el terrible verdugo de sus actos, es donde la consciencia se libera, todo lo dicho, todo lo hecho, todo lo que se consideraba como los más íntimos secretos, toda la vida, será juzgada.

A diferencia de la existencia donde se estaba atrapado en un cuerpo, ahora son espectadores sin parpados, verán su existencia transitar momento por momento, no podrán dejar de ver, todo lo vivido.

Ser el juez de la vida que se acaba de abandonar en una terrible experiencia, yo, tan solo soy testigo mudo de cada juicio, y quien se juzga no podrá evitar evaluar sus actos, al hacerlo, podrá ver las opciones que tenía, o el daño causado con las consecuencias que generaron sus actos.

Es ver toda la vida sin poder ocultar ni justificar, al hacerlo, la vibración del espíritu le dará a entender hacia donde fluirá su alma. A nuevas encarnaciones, o al tormento. Al llegar al final de la existencia, no existe ningún lazo que una el alma con el mundo que se acaba de abandonar.

La vida, las oportunidades, los momentos, todo se ha extinguido, en la medida que se evalúa lo vivido, se borrará para siempre.

No existe el arrepentimiento, no existe el perdón, no existe defensa en el juicio de la muerte, solo soy un guardián entre este instante y la eternidad.

Solo de los actos realizados dependerá el sendero de la nueva vida, o bien hacia otras encarnaciones, o bien hacia la oscuridad perpetua.

Para encarnar en otro cuerpo, en otro tiempo, en otro espacio, se debe estar libre de las ataduras de la vida que se acaba de abandonar.

Si los actos realizados son en contra de la vida y sus opciones, para siempre, se entrará en los dominios de la nada, de allí jamás por la eternidad de los mundos se podrá volver a encarnar, pero, al estar preso en los confines de la nada, por la eternidad se deseará vivir una vez más, algo que ya no sucederá.

Se vivirán los actos cometidos una y otra vez, se clamará por escapar, por otra oportunidad, pero... Ha sido la libertad y es la condena.

Pasa de manera similar que, en la vida, quien comete un delito y de acuerdo con la gravedad vivirá en una

prisión, por un tiempo o por toda su vida, reviviendo una y otra vez el acto cometido.

¿Cómo actúas, cómo haces para saber quién debe o no morir, y, cómo liberas el alma, para detener la vida?

He visto morir tantas personas, tanto se habla de la muerte, pero nunca he sabido, cómo lo haces.

¿Es real que tienes en tus manos un libro con las fechas en que cada uno debe morir?

... El mangón del hábito flotó, y una voz profunda como un trueno dijo: **Espera, preguntas demasiado, un paso a la vez...**

TIEMPO DE VIVIR

Como en un acto mágico, todo cambió, todo lo que nos rodeaba era blanco, no encuentro palabras para describir el extraño evento, pero todo era blanco no existía nada más que la sombra de la muerte y una blancura extrema, sin arriba ni abajo, ni atrás ni adelante... Todo blanco... En ese momento... Un apagón mental y todo se volvió

obscuro, no era un color, era una masa negra, con consciencia, estaba ahí... En la más profunda obscuridad...

Es la nada... *Dijo...*

En el inicio del mundo material, la gran fuerza lo primero que creó fue; a mí, La Muerte, el inicio y el fin, el Alfa y Omega, o si prefieres puedes definirme como La Vida.

Soy, quien crea las transformaciones y mutaciones para que todo exista, doy la vida y la muerte, que son en sí la vida.

Debes comprender que la muerte es un nombre terrenal para identificar un final, pero realmente doy vida.

Nada muere para dejar de existir, todo muere para vivir. Existen un infinito de multiversos físicos y un infinito de planos espirituales, donde las almas pueden habitar.

Todo debe cambiar de acuerdo con sus vibraciones, si observas con cuidado notarás que nada se extingue realmente, la materia sigue su cauce perpetuo reciclándose, un pulso eterno de mutaciones donde en bien algo se acaba, algo nuevo germina.

La muerte como tal, no existe, pero soy quien define esa línea sutil entre una mutación y otra.

¿Entonces nadie muere?

Realmente ¡No! Nada muere, se libera el alma de un determinado tiempo espacio, para volver a vivir en otro tiempo y en otro espacio a través de otro cuerpo o de ninguno. O se puede encarnar en el no tiempo y no espacio habitando en todos los multiversos.

¿Qué es el alma?

Pregunta difícil de explicar y, más aún, de comprender, el alma es todo, más que alma es energía, el universo material está conformado de diferentes vibraciones de la energía, unas sutiles y otras densas, lo sutil está implícito en lo denso, mientras lo contenga, pero cuando la vibración de lo sutil es más fuerte que lo denso, se libera.

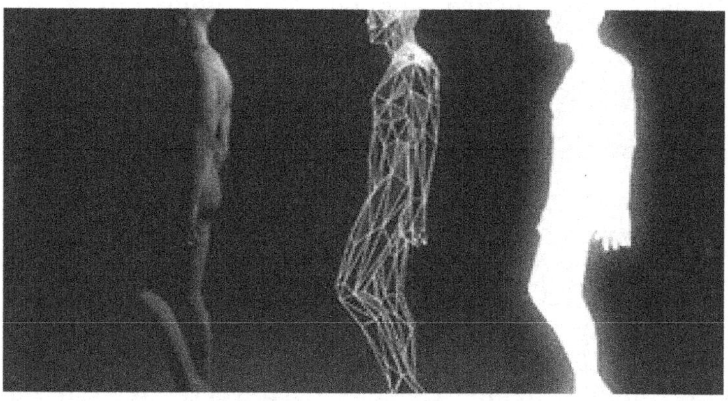

La fuerza poderosa e inmanente del espíritu, debe fluir en el mundo material, para lograrlo tiende puentes, el alma es la energía que permite que un espíritu fluya a través de un cuerpo, se funde con tu cuerpo por medio de tu alma, es la única que vibra entre las dos eternidades.

Dependiendo de la escala de vibración de cada alma la fuerza de espíritu fluye en mayor o en menor grado.

En cada encarnación la fluidez del espíritu es más fuerte, hasta que cesan las encarnaciones vibrando en planos elevados de consciencia, mundos que tu imaginación jamás podría imaginar.

Si contemplas una noche estival contemplaras millones de estrellas; parecerán similares, pero cada una es única, diferente, con una consciencia de ser específica, cada una tiene un alma distinta y una vibración diferente.

Cumplen con su misión de ser, al concluir esa misión, mueren y se transforman.

El alma es la energía del conocimiento, es la fuerza de la existencia, es el poder sublime, la más sutil vibración.

Todas las almas poseen en sí el poder de auto descubrir la sabiduría de la primaria energía, hay almas viejas y jóvenes, pero, cada vez que avanzan en un ciclo de vida, la materia no las puede contener, es cuando las libero, en el juicio descubren sus aciertos y sus errores, encarnan en nuevas opciones de vida.

No existe la muerte.

Quienes mueren siguen vivos en otras dimensiones, quienes se quedan con la materia solo ven materia, son muertos en vida que suponen la muerte.

Te das cuenta; existen los cementerios y para qué, los cuerpos son cuerpos sin alma, pero tienen la vida de transformación que los devuelve como alimento a la tierra.

Han sido, son y seguirán siendo tierra, pero los sentimientos humanos empobrecidos por el egoísmo

quieren conservar a los muertos como seres vivos sin almas.

Una forma extraña de dejar de vivir y evitar que las almas avancen.

Cada vez que alguien llora, reza, clama, implora o me maldice, desgarran las almas que están partiendo.

Nadie debe llorar los muertos, son almas que se liberan a nuevas opciones y vidas. Lo mejor para todos, es permitir que los cuerpos sean disueltos en el fuego, la materia vuelve a la materia y el alma se libera.

No hables con tumbas o lapidas, allí solo hay tierra, los muertos, muertos están.

¿Cómo eliges quien debe morir?

No lo hago, cada uno sabe cuándo debe liberarse del cuerpo, cuando la misión está concluida es la hora de transmutar, solo libero las almas, pero no elijo fechas.

Cada uno elige cuando quiere morir, desde el inicio de las vidas, cuando tu copa está llena hay que vaciarla, cuando la copa está vacía hay que llenarla.

Es el misterio de mis hermanas las Moiras, es el final de tu destino de cada cual depende el momento de partir, solo que no lo harás hasta que cumplas tu misión.

¿Cómo saber cuál es la misión?

Todos los destinos están entrecruzados, si estás en este mundo, es porque cumples con una razón más poderosa que tu consciencia, pero solo por tus actos conocerás cuál es, si haces lo que te apasiona, eso por lo que luchas, si sigues tus sueños, si actúas con todo tu amor por lo que deseas, si te exiges, si eres parte del cambio de los rumbos de vidas, aunque no conozcas tu misión, la haces con tu actuar.

Pero... Si haces lo que no te gusta, si vives en la discordia, si no tienes ilusiones ni sueños, si vives atrapado en el conformismo y la sumisión, si te doblegas y te rindes, si aceptas la resignación como tu vida, tu existencia será vacía por muchas encarnaciones.

Siempre debes, hacer algo que quede o dejes después de tu partida, así el mundo avanza, deja algo para quienes te siguen, construye, enseña, muestra un sendero, para que cuando no estés, otros lo transiten, esa es tu misión, hacer algo que deje huella cuando ya no estés.

Así perdurarás vivo en quienes se quedan y vibrarás más alto, para tus nuevas encarnaciones.

Si estás vivo, tu misión no ha concluido, cuando tu misión concluye, sentirás que ya es la hora, cuando esto ocurre "las sombras de la muerte" aparecen, son las señales que anuncian la partida.

Sentimientos, actos, inventarios del alma, despojos, sentirás que lo material pierde su valor, lentamente se inicia el desprendimiento de tu alma, recoges tus pasos, la energía irradiada a lo largo de tu vida, es recuperada, son las sensaciones y premoniciones que todos pueden sentir cuando alguien va a partir.

Algo dentro de ti te indica que un cambio ha llegado, tendrás tendencias a vivir más intensamente, tendrás más planes, deseos, sueños y anhelos que nunca

realizaste, querrás terminar tareas inconclusas, no sabrás que vas a morir, pero, sentirás la fuerza de la vida en todo su poder.

Cuando las sombras ven el desprendimiento del alma, es cuando aparezco, es el momento sublime donde la puerta de la vida del más allá se abre, no es algo macabro ni terrible, aunque, para liberar las almas debo recurrir a cualquier opción, son variadas las armas de la muerte para renovar la vida.

¿Por qué unos mueren jóvenes y otros no?

No hay edad para morir... No hay edad para vivir, si tu misión ha concluido no importa el tiempo que tu cuerpo tenga en este mundo. Tu alma será liberada.

La sola presencia de un alma en este mundo cambia los destinos de muchos así sea esa presencia por tan solo un instante.

Debes saber que el tiempo solo es un factor terrenal, igual que la identidad y el género son solo de un cuerpo, el alma no lo tiene y, menos aún, el espíritu.

Nadie muere antes que deba morir, sin embargo, los suicidas eligen el tiempo de morir, ellos viajarán a las tinieblas eternas.

Otros osan retar la muerte en actos arriesgados, sin ser suicidas me desafían, si se acercan demasiado así no sea su fecha de morir, mueren.

Nadie puede intentar ingresar a los laberintos de la muerte sin ser invitado y salir airoso.

¿Cómo se obtiene esa invitación?

Al templo sagrado de la muerte se ingresa en el espíritu, no de forma física o corporal, debes tener las claves secretas que abren las puertas de los antiguos, y tener muy claro con qué ingresas y con qué quieres salir.

Los versados en las artes poseen las claves, conjuros y arcanos para entrar en mis dominios.

En el inicio de la existencia los primeros que existieron fueron mis ayudantes quienes sembraron la vida, ellos, dejaron los textos sagrados de los

laberintos ocultos o inframundos donde está el poder de la vida.

Pero, no todos pueden ingresar depende del corazón y sus intenciones.

Cada noche tu alma sale de tu cuerpo, navega en el mundo de los sueños, pero... Hay otros mundos en los sueños, es tu alma la que puede transmigrar al mundo de los muertos y volver a la vida, si aprendes a controlarlo navegarás en los inframundos y serás cómplice de las sombras.

En el mundo de los muertos yace escondido el poder de la vida, la fuerza para transformar, cambiar, hacer pactos; vida por vida, muerte por muerte, pago por pago, sacrificio u ofrenda.

El poder secreto de la vida sobre la muerte y la muerte sobre la vida.

Recuerda, el concepto terrenal de muerte se asocia con el final de la vida, pero mi presencia va más que eso, es la muerte de los problemas, la muerte de enfermedades, dificultades, situaciones difíciles, es

destruir las barreras que limitan, al hacer un pacto es fluir en la vida mientras se viva.

¿Eso sería la eternidad?

Nada muere, todo es eterno, pero si consideras el espacio temporal de tu encarnación como real, serás temporal, lo que verdaderamente perdura es el alma y el espíritu, la materia es una continua transformación, si no liberas tu mente de la materia estarás atrapado a ella y la consideraras temporal.

Y aún siendo temporal la materia es en esencia la energía eterna, por ende, también es eterna, pero los estados de la materia o de tu cuerpo, son temporales. Algo que no debería importar.

El concepto de vida y muerte divide la capacidad de valorar el tiempo de encarnación, se aferra a la vida deseando la eternidad corporal o material, en lugar de aprovechar al máximo la vivencia, la materia se transmuta nace y muere todo el tiempo, pero en esencia es la vida que cambia de forma y de fin.

Nada muere, nada vive eternamente y sin embargo en esencia es infinita.

Los cuerpos son cascarones donde la semilla emerge, luego regresan a la tierra para ser tierra y nuevamente cascarones, ¿Por qué quedarse con la cáscara y no con la esencia?

Se valoran más las presencias físicas, que las espirituales, convirtiéndome en la macabra e injusta parca que todo lo termina, cuando realmente todo comienza.

Todos los cuerpos antes de nacer comienzan lentamente a morir, cada segundo en bien se es gestado se comienza a envejecer, el cuerpo es limitado por un tiempo, tiempo para que un alma cumpla su misión.

Todos los eventos de la existencia en el corto tiempo de vida, son experiencias que te hacen cumplir tu misión, pero, al estar en este mundo, nacen los apegos terrenales, deseas sin límite, quieres poseer, tener, ser, acumulas la materia como un tesoro, lo cuidas, lo conservas, y mientras lo haces, entierras tu libertad de ser, nadie que traspasa la frontera entre la vida y

la muerte, puede llevar algo más que sus recuerdos, los cuales olvidará, pero no comprenden que no pueden poseer nada, y nada pueden llevar.

Se vive en los apegos, se considera que la vida radica en el tener, en el conservar y atesorar, vidas vacías que terminan en la amargura y el dolor cuando llega el momento de partir.

Almas que quedan atrapadas sin migrar, convirtiéndose en fantasmas eternos.

¿Por qué dejas a unos en el limbo y otros los llevas?

No dejo a nadie, no puedo llevar ni dejar, solo libero almas, cada cual, de acuerdo con sus vibraciones, sus actos, su libertad, migra o queda atrapado.

En esa libertad, muchos crean tan profundos apegos con el mundo material que en el momento de su muerte el alma se libera, pero no pueden partir, no se desprenden y al hacerlo, fragmentan y desagarran el espíritu, quedan vagando en esa línea misteriosa entre la muerte y la vida.

Fantasmas eternos que al igual que los suicidas, solo al final de los tiempos, cuando yo muera en el último segundo, ellos serán liberados.

¿Si tú eres la muerte como puedes morir?

Soy la primera creación del espíritu, soy el puente entre el mundo espiritual y el mundo material, sin mí no hay vida, sin vida no hay muerte, para que exista la mutación algo debe morir para ser, los multiversos, nacen, pero van cambiando cada cambio es una muerte, al final de los tiempos en el último segundo solo quedaré con la nada.

El día de mi fin, será un tiempo de profundo reposo, hasta que una vibración inicia la vida, y ese es mi despertar, generar la vida y quitarla, para iniciar otro ciclo, no muero como tal, solo es la extraña línea que une dos eternidades.

No existe diferencia con la vida normal de cada uno, vives un día, una hora, un minuto a la vez, cada segundo que pasa, es un segundo que inevitablemente muere, cada hora, cada mes, cada año, toda la vida.

Solo si sabes extraer de cada tiempo su valor real, lograrás alcanzar la plenitud de la vida.

- En bien terminas algo, algo inicias
- En bien nace un amor, un amor muere
- En bien logras una meta, la meta pierde su valor y buscas una nueva
- Todos los fracasos, son éxitos que comienzan al nacer
- Todo temor, es el valor escondido
- Todos los días, mueres
- Todos los días, reencarnas
- Todas las noches viajas al inframundo
- Todas las noches, son un final, antes de un nuevo inicio
- Todo es pasajero, efímero, intrascendental
- Todo es nada, la nada es todo
- Nada muere que no viva, nada vive que no muera, pero la muerte como tal no existe.

Pero vives atrapado en los apegos, en el afán de la vida, no dejas morir para vivir, te lastras en la muerte de tus vivencias sin ver la vida que se esconde y despierta con el nuevo amanecer.

Te llenas del pasado y permaneces en él evitando las nuevas auroras, te sepultas vivo en los recuerdos que más te atormentan muriendo un poco cada día, pero sin vivir un poco cada día.

La muerte no existe si no en la mente de quien no puede ver la realidad escondida en el tálamo secreto de la vida.

Vidas atrapadas en la muerte del ayer, ignorando la mutación que existe en cada fin, nada termina, todo cambia en el próximo segundo, nada es perenne, solo el espíritu, lo demás, todo lo demás... Es cambiable y mutable.

Tus apegos, tus amores, tus supuestas posesiones, tus días, tus noches, todo existe por un instante, luego muere para nacer en otra extraordinaria aurora.

¿Si nada muere, que pasa al final de la vida, que ocurre en ese más allá?

El momento del desprendimiento es un viaje extraordinario, sin importar como sobrevenga la muerte, el proceso es similar, sin importar dónde,

cuándo, edad, forma o lugar, todo concluye en una sensación única.

Pasa en un instante, tu mente cae en una profunda oscuridad, todo se nubla, las sensaciones desaparecen, pero, estás consciente, luego estas fuera del cuerpo, una suave gasa fluye ingresando a la realidad, sales de la ilusión de la vida, todos los lazos con el mundo material se cortan, nada existe, solo tú y yo.

Puedes contemplar tu cuerpo, pero ya no importa, puedes ver en una rápida visión como un sueño momentáneo el mundo que acabas de abandonar luego desaparece y te enfrentas al máximo reto de la vida, vencerme.

Estas sin estar, no hay cuerpo, no hay sensaciones ni emociones, pero sentirás una infinita e indescriptible sensación de paz, no hay ninguna sensación física, eres un alma libre.

Puedes ver personas que fallecieron, lugares celestiales, es el túnel, la puerta del más allá.

Un puente, una puerta, un valle, luces centellantes, cánticos, voces, ángeles y sombras aparecen y desaparecen... Luego la más profunda soledad.

Todo se esfuma, la esfera del espíritu se cierra y estás profundamente solo, es la hora de enfrentarme.

En esa soledad, en la semipenumbra, sentirás mi presencia, no como en este momento, sino cuando estés libre del cuerpo material.

Todos tus sentidos han desaparecido, no habrá temor, ni ansiedad, ni alegría ni tristeza, sabes que has muerto, pero no te importa, ni sientes pena por lo que dejaste.

Ahora... Es cuando te enfrentas con la realidad, fuera del mundo de las ilusiones.

¿No hay jueces ni divinidades, ni juicios, ni demonios que roben el alma?

No, no hay tal cosa, nadie puede juzgarte, nadie puede condenarte, ese es tu juicio.

En esa soledad... Como si fueras un espectador vas a ver proyectada tu vida, es en ese instante en una visión fantasmal, retornas al último momento antes de tu muerte.

Es escalofriante ver tu cadáver, pero lo ves ahora de una forma diferente, tu cuerpo que fue morada de tu alma, no te inspira, puedes ver cómo me lo devuelves.

Muchos seres sufren y vibran al contemplar un cuerpo destruido, descuidado, marchitado, cómo el templo del alma fue allanado y destruido, un cuerpo corrupto.

Yo... Entrego un cuerpo como portal del alma, para que lo cuides, es tu templo sagrado mientras vives, entregó la libertad para venerarlo y respetarlo, ¿pero que le devuelves a la muerte y a la tierra? ¿Cómo está tu cuerpo, templo de tu alma?

En esa visión lo comprendes, te das cuenta, que ese cuerpo ahora inerte, fue la cuna donde aprendiste, sentiste viviste la vida que ha terminado.

... Inicias el proceso... Contemplas desde lejos la vida, tu vida, tus vivencias, todo está allí, lo hecho en lo oculto, todos tus pensamientos, toda tu memoria vivencial aparece reflejada...

Lentamente vas mirando, juzgando, recordando, ves pasar tu vida, tus actos, tus decisiones, tus aciertos y fracasos, todo transita... Y tú evalúas...

Es ahí donde tendrás una charla con la muerte.

¿Qué hiciste con tu vida?

Al ver tu existencia, evalúas tus vivencias, comienzas con el cuerpo que devuelves, ¿cómo lo entregas?

A dónde llevaste ese cuerpo, que vida le diste, como usaste tus manos, tus pies, tu ser, que aciertos, tuviste y que errores, cometiste.

¿Cuántas montañas subiste en los retos que quisiste alcanzar, te esforzaste o te venciste?

Pudiste alcanzar tus sueños, cumpliste tus metas, ¿Luchaste por lograr materializar tus deseos?

Vas a evaluar tu vida, lo que hiciste con tu vida, ya la viste desde tu nacimiento hasta tu muerte, todo está ahora ahí...

Solo voy a ser, tu guía, para que tú evalúes tu existencia, tú serás desde ahora, el juez el jurado y el verdugo de tus actos.

¿Cómo definir el bien y el mal, los aciertos o desaciertos de una vida?

No existe un bien o un mal, existe una intención, en el espíritu todo es una vibración diferente, de eso dependerá tu juicio, cuando estés muerto, cada evento de tu vida por mínimo que lo consideres produce una vibración, esta genera una onda de resonancias que afectan todas las vibraciones del universo.

Tus actos motivados por tu libertad y tus decisiones afectan todos los destinos, alteran todas las almas, tanto las que formaron parte de tu vida como las nuevas que encarnan.

Recuerda que, aunque no estés en el mundo que abandonaste, tus actos perdurarán en él.

Estarás vivo en lo que dejas, en el pensamiento de quienes te recuerdan, en aquellos que quedan viviendo sus vidas.

Cada vida posee una responsabilidad con las demás, cercanas o lejanas, nunca conocerás y menos comprenderás cómo se entrelazan los destinos, como un acto afecta el futuro, una semilla sembrada, aunque el sembrador no exista, germinará en todos los futuros posibles.

Comprender la misión de cada cual, evaluar el bien o el mal, es algo que trasciende más allá de los universos del tiempo la vida y la muerte.

En la naturaleza profunda de la esencia del espíritu, no existen lo uno ni lo otro, las acciones son eventos que perduran modificando los futuros de una o de otra manera.

El concepto que se tiene de justicia mientras estás encarnado, difiere del valor con la del espíritu.

¿Qué es el mal?

Destruir, matar, dañar, alterar, causar dolor, generar sufrimiento, aprovecharse del débil, cualquier sinónimo de destrucción, así es el concepto en la vida.

Pero que sabes tú de las razones del espíritu, es aquí en la evaluación donde los actos generan consecuencias al futuro, tanto de tus encarnaciones como en la vida que abandonas.

Nadie, sabe que misión trae consigo y la consecuencia de esta, en la vida, lo malo puede ser bueno y a la inversa.

Un asesino, un violador, un depredador, el ser más violento y dañino, es un instrumento de la sabiduría, pero ten cuidado, con los juicios, recuerda que cada cual tiene en sus manos el poder de elegir y decidir, la libertad.

Quien vibra en la destrucción, tendrá en sus encarnaciones destrucción.

Ten presente muy presente que lo importante es la intención que mueve los actos.

La única manera de combatir el mal es con un mal mayor, se debe ser más malo, pero no lo mueve el mal sino el bien.

Aún ese bien, termina siendo mal, solo puedes saber qué es, mirando las causas que los actos generan en la cadena de futuros posibles.

Un ser que nace muy enfermo, con grandes sufrimientos, con muchas dificultades, aparentemente es causa de tristezas y dolor.

Pero solo ves el dolor, si miras, ese ser en esas condiciones su presencia cambia destinos y futuros, el médico, la ciencia, el avance en tratamientos, ese ser sufriente se convierte en la "salvación" de muchos.

El asesino desalmado, con sus actos crueles y destructivos, genera cambios en el futuro, seguridad, prevención, control, cada evento negativo es la causa que enseña y origina grandes transformaciones. Cada uno en su juicio evalúa no solo el acto causado, sino las causas que este generará.

Las almas de manera colectiva aprenden de los sufrimientos y la adversidad, los sucesos destructivos son la escuela que enseña a evitarlos.

Así que siempre ocurrirán, no como la destrucción sino como parte inevitable del conocimiento.

¿Cómo juzgar el mal por bien o el bien por mal, si se ignora su efecto en el futuro?

¿Qué es el bien?

Ser feliz, ganar, alcanzar logros, no hay una forma para definir lo bueno, hacer feliz a otros, vivir en la plenitud, encontrar la armonía y estabilidad.

Ser bueno, es lo opuesto a ser malo, pero ¿Cómo definir la línea misteriosa entre uno y otro?

Al ver tu vida, evalúas tus actos y las consecuencias de estos, quizá motivado por un sentimiento profundo de amor, das, entregas, tratas de ser bueno, de ser lo mejor, pero, solo causas daño en el futuro, por hacer incapaces a quienes viven de ti, y ¿Cuándo mueras que será de ellos?

- Dar no es ayudar
- Ser servil no es bondad
- Trabajar y vivir para y por los demás, es indigno
- Ser bueno, es ser terminar causando mal

Bien o mal los dos extremos de libertad, algo complejo de evaluar más allá de la muerte donde no solo los actos cuentan si no los eventos que afectarán el futuro y los sucesos que se desencadenarán.

La libertad con la que naces te brinda las opciones de actuar, cada acto es una onda una vibración que tu alma capta y acumula, al final de tu vida cuando mueras, verás que vibración tienes.

De acuerdo con estas, iniciarás una nueva encarnación.

Nadie puede hacer juicios sobre las acciones más que cada uno, no solo son los actos o la intención en la libertad, es la suma de causas pasadas, oportunidades perdidas, culturas, credos, religiones, dogmas, influencias familiares, diferentes eventos, modifican las esencias y los espíritus, la lucha por la supervivencia libera fuerzas desconocidas y actos

heroicos o salvajes, nadie puede juzgar estos actos, solo cada uno en su interior evalúa las opciones que tuvo.

Todo acto está sujeto con los sucesos que lo propiciaron y los eventos que propiciará, lo malo puede terminar siendo bueno y lo bueno a vez ser peor que lo malo.

Al estar en tu juicio no solo evalúas tu vida, sino todo lo que hiciste, cómo en tu libertad creaste tu destino y el de los demás.

Entonces no hay bien ni mal, ni justicia, ni castigo, ni cielo o infierno, quien actúa mal, daña, destruye, causa sufrimiento, no tiene después de su muerte ningún castigo, y a su vez, quien lleva una vida recta, procurando el bienestar no tiene un premio, ¿No existe el cielo tan apetecido o el infierno tan temido?

No, el espíritu no toma partido, es tu libertad, castigo o premio son conceptos terrenales, igual que género hembra o macho, amor u odio, riqueza o pobreza, identidad, esos son conceptos de la vida.

En el más allá no hay premios, no hay castigos, nada ni nadie te condena, nada ni nadie te juzga, tu solo vibras.

Y la vibración de una vida, te eleva o te anula, dependiendo de tus decisiones, atraes y vibras en las diferentes escalas, las almas después de la muerte no pueden sufrir o ser felices.

La felicidad o el sufrimiento, es un estado mental mientras habitas un cuerpo, son las emociones que tocan el alma, pero, en un alma sin cuerpo no existen.

El premio o castigo es un concepto de juicio mientras se está vivo, no perdura después de la muerte, aunque los vivos añoran o suponen que actúa una justicia divina.

Donde el malo va a sufrir y el bueno se llena de beneficios, unos al infierno y otros al cielo.

Eso no existe, pero, las vibraciones de la vida que se abandona te impulsan a determinadas encarnaciones, no para expiar tus culpas, no existen, sino hasta que vibres en el equilibrio.

CASTIGO

Al vibrar en cada acto de tu vida, vas generando una frecuencia, tu alma se llena de las vivencias basadas en tus decisiones, estas, van generando las bases de tu nueva encarnación.

Al estar en tu juicio, evalúas, es allí donde bien podrías pensar que el infierno existe.

Al evaluar tu vida, resaltan los eventos que generaron alteración, los que bajo tu libertad transformaron destinos, causando dolor, sufrimiento y agonía.

Es cuando tus actos y tus decisiones, te llevan a un estado de congelamiento espiritual, revives una y otra vez los actos que causaron el sufrimiento.

Quedas atrapado en tus visiones, revives los eventos una y otra vez, ves las consecuencias de tus actos, todos los destinos que alteraste, todas las almas en las que creaste sufrimiento, verás por la eternidad de manera repetitiva cada evento.

Y, si en tu libertad, tu vida fue destruir en otros la vida, no tendrás como evadir tus penas, pero recuerda, en el mudo espiritual no es solo el acto ocurrido, sino las consecuencias que produce. Así que piensa bien como actúas.

En este laberinto no existe el tiempo, vas a ver una y otra vez la secuencia y la consecuencia que dejaste, no tienes como cambiarla solo repetirla, sentir lo que los otros sintieron, evaluar una y otra vez tus decisiones.

Eso, retrasa tus futuras encarnaciones, luego de revivir y comprender que todo acto implica consecuencias, entras a un universo oscuro, y luego... Cuando tu alma está libre de esas vibraciones vuelves a encarnar, tienes la opción en una nueva vida, eso sí logras regresar, de lo contrario tu alma queda atrapada en tus acciones para la perpetuidad.

Viviendo y reviviendo exactamente lo mismo, sentir el dolor que causaste una y otra vez, quien es causa de una vida de dolor, vivirá en el dolor, es la vibración que ha elegido.

¿Si dices que en el juicio todo se olvida, porque se produce ese purgatorio?

Para que un alma encarne, debe estar en una vibración específica, armonizada, de esta manera, fluye en la vida que comienza el conocimiento adquirido de las anteriores encarnaciones.

La naturaleza no se autodestruye, si así fuera no existiría, no permite que la destrucción pase de una encarnación a otra.

Si miras la vida tal como está, puedes apreciar que las almas encarnan con profundos conocimientos, la humanidad avanza en pro del beneficio y la grandeza, la conquista, la mejor vida.

Pero, en ocasiones la educación, la cultura, credos y demás, empujan las almas a tomar decisiones

equivocadas de destrucción, con la convicción que hacen un bien.

Al hacerlo, sus vibraciones cambian, el acto produce esa alteración y es la que se debe armonizar antes de una encarnación.

Todas las almas están entrelazadas, quienes están vivos comparten el mismo tiempo, el mismo espacio, están conectados de una o de otra manera, son soportes para que todos cumplan sus misiones.

En cada vida tienes libertad de elección y acción, son tus decisiones, mientras armonizas tu vida, estarás plenamente consciente, es donde se producen muchos fenómenos donde en quienes se quedan sienten la presencia de esos muertos.

Es similar con lo que ocurre en la naturaleza, si una hiena ataca a las demás estas o la ahuyentan o la matan.

Si nace una cría diferente, la madre o el padre la destruyen, para que no interfiera con los otros.

En la naturaleza la representación del espíritu es similar, los actos generan cambios, pero difiere en los juicios.

Igual pasa en la vida, quien comete un delito, es retirado de la sociedad no puede vivir en ella, se condena como reo encerrado en una cárcel, su castigo puede ser tan largo como su vida, muchos viven una vida de encierro por sus actos.

A diferencia con las leyes de la vida, en el más allá, el juicio no es solo del acto causado sino las consecuencias que lo anteceden y lo preceden.

Si alguien es infiel, en la vida solo se ve la infidelidad y se condena, pero no busca comprender lo que hay en el interior del alma, ¿Qué sucedió antes para llegar a ser infiel? Y ¿Qué sucederá con ser infiel? ¿Quizá sea feliz, aunque otro sea desdichado, como se juzga?

Un estafador movido por la necesidad con un espíritu emprendedor se dedica a estafar, conoce las estrategias, descubre al arte, es condenado y enjuiciado a muchos años de cárcel, pero otra alma

con sabiduría, lo convierte en maestro que enseñe como evitar las futuras estafas. ¿Cuál sería el veredicto? ¿Culpable o inocente?

¿En qué, consideras, que piensa un preso? Durante los años de condena, revive una y otra vez el acto que lo llevo a su presidio, una y otra vez evalúa.

Se purifica y armoniza, en el más allá se vivirá algo similar, pero las condenas cada cual se las impone, no hay tiempo, pero sí encarnaciones.

Lo que has aprendido durante tu vida, en la lucha entre el bien y el mal, es el juicio de un acto, pero nunca evalúas lo demás, un infinito de eventos que comulgaron para que eso ocurriera, y las infinitas causas que ese acto producirán.

En el juicio de la muerte, cada uno será su defensor.

Todo lo que te han dicho, dios y demonio, juicios, condenas, sufrimiento infernal, bendiciones celestiales, son juicios humanos de actos de las almas, esos, se quedan en el mundo terrenal.

Los confines de la sabiduría del espíritu, en ocasiones son incomprensibles para las almas encarnadas.

Durante el viaje de la vida, cuídate del juez, o de quien condena, muchos condenan lo que reservan en su corazón, en ocasiones es más culpable el juez que condena que aquel que es condenado.

Cada acto aporta un infinito de conocimientos en todas las almas, es lo que define culpable o inocente.

El juicio de la muerte, el juicio de cada uno, donde; libre del cuerpo terrenal avanza o se estanca.

Por esto, debes pensar con serenidad en tus actos, mientras se está encarnado la consciencia desdibuja la vida después de la muerte, se vive en la cotidianidad, pero se ignora el valor real de "estar vivo" y aún más se ignora los profundos efectos del juicio de la muerte, los que influirán en las encarnaciones.

Quizá se piense que no existe, pero las sombras de los atrapados gritan en las noches el dolor de revivir sufrimientos por eternidades, sin poder terminar

el suplicio, de ver una y otra vez el suceso que atormenta.

¿Y, el perdón, y el remordimiento? Se dice que en el más allá todo es perdonado, algo así como el olvido de los pecados y la purificación del alma, se dice que las almas deben morir en paz para que trasciendan.

¿Qué es el perdón?

Las almas encarnadas lo usan como escudo para satisfacer y engrandecer las almas de quien perdona, no de quien es perdonado.

El acto hecho, hecho está, así que el perdón no lo puede deshacer, cuando alguien perdona, se enaltece mientras el perdonado queda en deuda, una deuda que jamás ha de pagar.

Si prestas atención comprenderás, que muchos dicen "perdonar" pero nadie puede juzgar y menos condenar. Tanto en la vida como después de la muerte, depende de cada intención, un pecado es para unos un fatal error o equivocación, pero, solo aprendes de los errores y las equivocaciones.

Y si aprender es pecado, no existiría la encarnación de las almas y menos la libertad.

Se repite una vez más, la sabiduría con la que cada alma es dotada antes de encarnar, se libera durante la vida al enfrentar la vida, los momentos más difíciles permiten que esa fuerza fluya, las causas y destinos liberan el conocimiento interior de otras vidas.

Es así como el avance humano en todas las áreas de la vida, va creciendo, no existe el pecado o el error que sea error o pecado. El arquitecto aprende más de las casas que se destruyen que de aquellas que se mantienen en pie.

Todos los fracasos son la suma del conocimiento para el éxito tan anhelado, ¿Cómo ese conocimiento es pecado?

Ni siquiera durante el juicio de la muerte existe el perdón, porque no existe el pecado.

Pero durante la vida, muchos se aprovechan de eso para supuestamente perdonar, el que dice perdonar asume para su vibración los pecados de los otros,

se convierte en devorador de pecados, nadie tiene potestad sobre la libertad de las almas fuera de mí.

Cuéntame tus pecados que yo te absuelvo, esa sentencia no le pertenece a ningún alma encarnada, no puede perdonar, pero asume para sí los supuestos pecados, solo que el que dice perdonar pecados, es quien acepta el pecado, por ende, se alimenta de pecados y en su libertad responderá por sus actos.

COMPRENDER

Cada alma en su libertad posee la sabiduría para comprender, conocer que las demás almas en la liberación de su conocimiento interior motivadas por la esencia del espíritu actúan a través de la vida descubriendo su poder. En ese actuar se va aprendiendo y solo se aprende al fracasar. Al comprender el fracaso se estimula el conocimiento y el aprendizaje que trascenderá en las encarnaciones.

Pero, las influencias dogmáticas y las creencias ciegan la razón, llevan a abismos de profundo dolor y sufrimiento al imponer pecados y perdones. Hiciste algo que otros juzgan como pecado o indebido.

Antes de eso, pregúntate:

- 💀 ¿Qué aprendiste de ese acto?
- 💀 ¿Qué experiencia y conocimiento dejó?
- 💀 ¿Qué lo causo, y que consecuencias sobrevinieron?
- 💀 ¿Lo volverías a hacer?

Esas preguntas y más, solo en el tiempo las puedes responder no antes, la semilla del acto ha sido sembrada y debes esperar para ver el fruto y así conocerás las respuestas.

Por ende, al no existir el pecado, no existe perdón, menos existe el pago por ser perdonado.

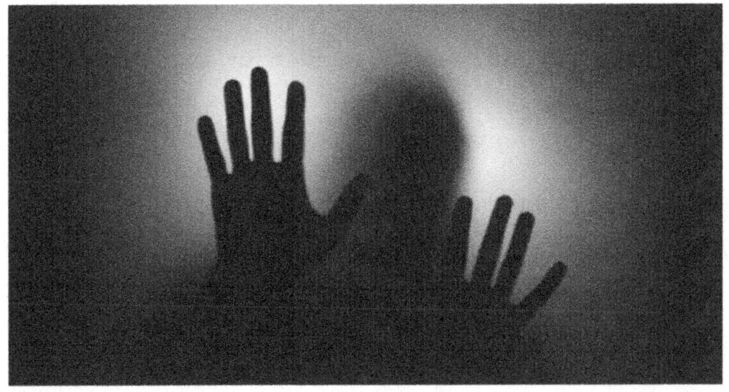

Te han impuesto el pecado como herramienta de limitación, no pienses, no sientas, no actúes, no hagas,

no desees, evita la tentación y no lo intentes, casi todos tus actos, son considerados pecados, y tú, al aceptarlo, dejas de vivir, te sometes mentalmente, abandonas tu vida, hagas lo que hagas, jamás será un pecado, es tu experiencia, la suma de experiencias, te da sin duda un conocimiento, y la suma de conocimientos, te hará sabio.

ARREPENTIMIENTO

No existe forma de deshacer lo hecho, el arrepentimiento es una promesa falsa sin sentido, un refugio en la tormenta, una manipulación realizada con la convicción de mejorar.

Una farsa creada donde esconder las decisiones y los deseos, el arrepentimiento son solo palabras.

Pero, si consideras que hiciste un acto que causo dolor, has dos actos que causen felicidad, eso es reivindicar las acciones, cuando mueras y estés en el juicio de la muerte, observarás esas decisiones.

Antes de buscar compensar tus actos, evita al máximo realizarlos, si sabes de antemano que algo es destructivo, ¿Para qué lo haces?

Siempre piensa antes de actuar, en el fondo de tu esencia yace la sabiduría eterna, que te permite dirigir tu destino.

Si estás seguro hazlo, nada te detiene, toma el reto de intentar, y si fallas no te arrepientas, asume tu experiencia como conocimiento, pero siempre busca estar en equilibrio, si algo dañaste; arréglalo.

No puedes ganar sin dar algo a cambio es la ley perpetua y natural tanto de la muerte como de la vida.

No te detengas en perseguir tus sueños, lucha por alcanzarlos, no justifiques no hacerlos, quizá necesites renunciar a muchas cosas de tu vida que son lastres, eres tú y es lo único que traerás cuando mueras.

¡Jamás te arrepientas! Quita eso de tu mente. Recuerda; algo aprendiste.

PENITENCIAS

No tienes que lesionar tu alma en penitencias que te destruyen más que redimirte, lo hecho, hecho está y hagas lo que hagas no podrás deshacerlo, ¿Cuál es la razón para culparte, condenarte y flagelarte?, Quizá en el futuro te des cuenta, que tu acto de algo sirvió.

De nada sirve torturar la carne, cuando tu acto está en tu alma, de que sirve pagarle dinero a un hombre, si el acto es tuyo, no puedes limpiar tu alma con azotes, ni plegarias, menos dando limosnas, ni limpiando tu consciencia en una falsa creencia de un redentor que aboga por tus supuestos pecados.

No hay mayor indignidad ni equivocación, que un alma flagele y destruya el cuerpo que habita, te imponen creencias de mentiras para destruir tu carne y tu alma. Cuando mueras te darás cuenta aún más del engaño y como desperdiciaste tu vida.

Pero, si consideras que hiciste daño, igual actúa para remediarlo sanando la herida que causaste.

Si haces un mal, arrepintiéndote, condenándote, pagando por el perdón y haciendo penitencia, nunca arreglarás el daño causado, igual es tu acto ya hecho.

Lo, que debes hacer, es buscar a quien dañaste y reparar el daño con actos y obras que restablezcan el equilibrio, no con látigo sobre tu espalda, lo haces, eso al otro no le sirve de nada.

Pero, las almas encarnadas causan penas y dolor, luego se confiesan y se culpan, son absueltos y perdonados por unas monedas, el devorador de pecados asume el pecado, pero la víctima jamás es reparada.

¿Para qué sirve todo lo realizado si el daño sigue causado?

Quizá te refugies en una falsa creencia y consideres que estas salvo, pero... aquí veras la realidad, tu realidad.

No existe peor infierno que una consciencia alterada, llena de dolor y sufrimiento, quien causa dolor y engaño, en su alma anida el dolor y el engaño.

No existe mayor cielo que una consciencia tranquila, quien la limpia y actúa con sabiduría, en su alma anida la armonía.

Nadie ni siquiera Yo, puedo tocar tu alma, solo tú la alteras, la calmas, la mancillas o la enalteces.

¿Entonces las sombras son almas que penan? ¿Por qué perduran en el mundo de los vivos si están muertos?

Tus actos en vida te perpetúan después de la muerte.

Algunos han creado tanto dolor y sufrimiento bien por imponerlo, bien por haberlo recibido, que sus almas no migran. Quedan atrapados entre los dos mundos, son conscientes que están muertos, pero se consideran vivos, un sufrimiento eterno.

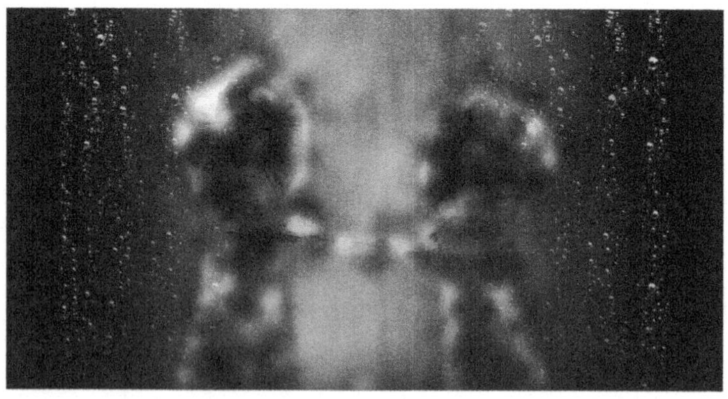

ALMAS SIN CUERPO

Lazos creados a través de la existencia, difíciles de romper, lazos que fragmentan el espíritu, deseos corruptos los mantienen atados a un mundo que ya no existe para ellos.

Las sombras, tanto de los suicidas, como de aquellos que se quedan luchan por liberarse, algunos quedarán atrapados por la eternidad hasta la muerte de la muerte.

La línea frágil de la vida y la muerte es un abismo infranqueable, las sombras son el vivo reflejo que después de la muerte hay vida, otras encarnaciones, pero dependerá de los actos, solo de las decisiones que se tomen; pasar o quedarse.

¿Existe alguna forma de ayudar a quienes no pasaron, para que lo hagan y evitarles ese sufrimiento? Quizá oraciones, rituales o misas, cómo se evita quedar atrapado.

Los muertos; muertos están, las sombras, sombras son, nadie puede hacer nada por ellos, solo ellos pueden liberarse de sus ataduras.

Si alguien muere apegado a sus tesoros, no puede poseerlo, pero ve con angustia como otros los disfrutan, mientras no comprenda que no posee nada, seguirá atado a un tesoro que ya no existe, pero no lo acepta.

¿Quién podría explicárselo?

El suicida luego de destruir su cuerpo, el alma sigue atrapada, solo yo tengo el poder de dar la vida y la muerte.

Pero él, al tomar su decisión, su alma no migra a nuevas encarnaciones, libre del cuerpo ejecuta un juicio consigo mismo, ve, toda su vida, pero ve, la vida que le resto vivir, libre de la consciencia solo

observará lo mejor que hubiese tenido, las decisiones más acertadas, hasta el momento en que debería morir.

Cuando llega a ese momento vuelve una vez a ver su suicidio, toda la secuencia, y en esa segunda vez, puede observar las consecuencias de sus actos que dejo en el mundo que abandono y así continuará por la eternidad de los tiempos; viviendo sin vivir.

No hay forma de ayudarle, en su libertad; su decisión.

LOS APEGOS

Desde que naces, generas lazos con el mundo material y con las almas con las que compartes una encarnación.

Lazos que con el tiempo se fortalecen, lentamente descubres el poder de poseer, pierdes el sentido espiritual por el sentido material.

Acumulas, posees, tienes, la soberbia hace su aparición, das valor a lo material y olvidas lo espiritual.

Se produce con todo, dinero, riquezas, amor, trabajo, acumulas en demasía.

Lentamente te vas a aferrando a tus posesiones, son tu vida, te jactas de tener, pierdes el sentido real de la vida, y, si no sabes actuar terminas esclavo de posesiones las que atraparán tu alma.

Pero, si tienes y has logrado conquistar tus sueños, recuerda siempre, ¿Qué legado dejas en el mundo, luego que mueras?

No es dejar riquezas para quienes nunca las conquistaron, es dejar senderos para que otros los recorran y logren subir sus montañas.

Pero eso solo lo puedes hacer mientras estés vivo, cuando mueras, no tendrás opción, y no vale dejar un testamento con tus peticiones, así que debes ser tú en vida.

Eres un cuerpo creado de la tierra, tu alma no es de la tierra igual que tu mente, tu alma se anida y se libera de tu cuerpo.

La tierra de tu ser corpóreo vibra con el mundo material, y tu alma dentro de él, pero nada material puede tocar tu alma, ni tu alma actuar sobre la materia, eso es a través de tu cuerpo.

Cuando mueras, tu alma se libera, nada material podrás llevar, pero lo material puede atrapar tu alma.

Cuantos más lazos generes con el mundo material, cuando mueras, serán muy difíciles de romper, fragmentarán tu espíritu desgarrando tu alma. Te quedas en el mundo material sin poder tenerlo.

El amor y deseo sexual es del cuerpo no del alma, los sentimientos son emociones, lazos que se generan cuando deseas poseer el amor y los cuerpos, cuando mueras; esos lazos si no supiste actuar, destrozarán tu alma.

¿Todos los fantasmas quedan atrapados? ó ¿algunos encuentran el sendero para encarnar?

Existen muertes que yo no causo, el asesino en su libertad toma la vida de otro, muertes que no deberían ocurrir, se cercenan sueños e ilusiones.

Otros en su libertad, abusan, violan, destruyen y asesinan, causan un gran dolor y sufrimiento.

Las almas que así son liberadas de forma violenta, algunas quedan atrapadas temporalmente mientras mueven los destinos, son almas que alteran otras almas, para concluir en algo su misión.

Algunas se convierten en tormentos de las almas que les causaron daño hasta verlas destruidas.

La justicia o venganza, es un derecho de cada alma, la cual actúa después de una muerte prematura, es la condena al alma que la destruyó cuando su misión aún no estaba concluida.

El mundo de las sombras es un mundo de terror indescriptible; almas liberadas que atormentan a almas encarnadas, nadie puede ayudar. Es un puente que solo involucra el alma de la víctima con su verdugo, nadie tiene poder sobre esto.

Mientras el verdugo esté vivo, es el único que puede liberar el alma que destruyó, los actos, solo los actos...

- 💀 *Vida por vida*
- 💀 *Muerte por muerte*
- 💀 *Pago por pago*
- 💀 *Sacrificio u ofrenda*

El ciclo es el mismo, la compensación es espiritual, la libertad es la condición. De cada uno depende.

Cuando se cumplen estos preceptos las almas destruidas inician el viaje a nuevas encarnaciones.

REZOS A LOS MUERTOS

Nada que hagas por los que yacen muertos sirve para el sendero de las encarnaciones, quizá sirva de algo para quienes siguen vivos, pero para los que partieron no.

Rezos, dádivas, misas, oraciones, novenarios, plegarias, ruegos, todo cuanto puedas imaginar y hacer por los que mueren, eso, no sirve para nada.

Los muertos, muertos están, no hay lazos con la vida y a donde van, es un viaje solitario, es donde cada uno se enfrenta al juicio de la muerte.

Los que se quedan inútilmente tratan de compensar los actos equivocados cometidos con quien murió, oraciones y rezos que solo alivian una consciencia que se siente culpable.

Son rezos para los vivos que en nada ayudan a los muertos, ni los exorcismos para liberar almas atrapadas, nada de eso se puede hacer, son de mi dominio, y ningún ser vivo puede desafiar la libertad de las almas y menos a la muerte.

Al contrario, lo mejor que se puede hacer porque quienes mueren es OLVIDARLOS, son tierra sin alma que debe volver a la tierra, por eso es importante, siempre en vida tener presente ¿Qué vas a dejar en este mundo cuando te mueras?

No son riquezas ni cosas materiales, esas son de este mundo, ¿Qué huella dejará tu alma en su paso por la tierra?

Nada se puede hacer por los muertos, solo se puede hacer por los que quedan vivos, las misas y celebraciones de la muerte, solo es atraer a las sombras de la muerte, deja en paz a los que yacen muertos, no visites cementerios, no guardes restos de los muertos, no invoques en misas a quienes ya partieron, y nunca les pidas actos desde el más allá, tú estás vivo, ellos muertos; no te pueden escuchar.

Pero, si lo haces las sombras aparecerán, no debes actuar con ellas, solo que sepas dominarlas.

Si bien existen puertas para ingresar en vida a mis dominios, debes conocer muy bien las llaves para abrirlas y no quedar con un cuerpo vivo con el alma atrapada en la muerte.

¿Entonces existe la forma de comunicarse con los muertos? ¿Poder invocar a quienes ya fallecieron? Hay, historias que dicen que un médium puede hacerlo.

No depende los vivos sino de los muertos, algunas almas que quedan vagando, pueden contactar con los vivos, cuando el alma ya ha migrado, se pierde toda conexión con la vida que acaba de abandonar.

Pero ten cuidado de las sombras mis aliadas, ellas pueden suplantar a cualquier espíritu, no oses entrar al dominio de los muertos si no sabes cómo salir.

Ten siempre cuidado con mis aliadas, si las invocas, no lo dudes que ellas acudirán al llamado, debes conocer las llaves que abren y cierran la puerta del mundo de los muertos, y ten aún más cuidado con las almas que vagan, las atraerás, pero cuando desees que se marchen, ellas no lo harán, convertirás tu vida en una vida de terror.

¿Y soñar con los muertos es que ellos se comunican?

Los sueños son muertes temporales, y en ellos, te encuentras con los que yacen muertos, pero no son sus espíritus, son sus huellas dejadas con las que te comunicas.

En sueños descubres otra vida, los recuerdos o ecos del tiempo que cada alma deja en su tránsito por el mundo.

Aparecen como guías, seres de luz, almas de armonía, demonios de venganza, seres de placeres mundanos, visiones infernales o celestiales, todos los sueños con los muertos es un mensaje de vida.

Puedes si quieres hacer los pactos sagrados tanto conmigo como con las sombras, para evitar que esos ecos o huellas de los muertos actúen destruyendo tu vida.

Algunos; conocedores de los secretos del más allá dominan las sombras y los espíritus del mundo de los sueños, igual que muchas entidades se presentan como muertos conocidos para dominar y alimentarse de tu alma. (*Véase el libro:* **Duat El libro Sagrado de los Muertos**)

Entre la frágil línea que separa la vida de la muerte, existe un infinito de inframundos donde las sombras habitan.

Algunas personas anulan su alma dejando su cuerpo a merced de las sombras, son los médiums, los verdaderos, transmiten conocimientos y sabiduría, se llegan a conectar con las huellas dejadas por almas de luz, esa huella sigue perpetua, a través del cuerpo temporal, expresa su luz y sabiduría.

Pero, existe el riesgo que una entidad oscura se aparezca como ser de luz, y alguien que esté cercano del médium y aun él mismo puede morir, bajo terribles tormentos.

Mejor es, que, en lugar de pensar en actuar con los muertos, dedica tiempo para actuar con los vivos.

Solo entran en mis dominios, quienes conocen los senderos, los demás deben evitarlo.

Recuerda, en el inicio, mis sombras y yo dimos la vida, ellas, dejaron los secretos más profundos sobre la vida y la muerte, secretos que con el tiempo se han ido olvidando, hoy se considera la vida como la constante a pesar de que se vive con la muerte se ha perdido el verdadero valor de la vida.

Pocos comprenden que el juicio de la muerte es la transmigración de las almas a las nuevas encarnaciones, se debe comprender que no hay nada eterno.

¿Si eres la muerte por qué otros las producen? No es de tu mano la mano que mueve al asesino.

Cada cual actúa en su libertad, y, en esa libertad existen quienes usurpan el trabajo de la muerte, no muevo las manos de los asesinos ni sus almas, tengo un infinito de formas de liberarlos, sin necesidad de recurrir a otras almas.

Mis sombras conocen los secretos y la forma de hacerlo. Cuando alguien debe desencarnar, las sombras lo saben desde tiempo atrás, lentamente comienza el abandono, al final soy yo quien toma su alma.

Los asesinos, están movidos por otros intereses, quien quita una vida, paga con una vida, la cadena es extensa, hijos, padres, amigos, familia, etc., Guerras, destrucción y caos.

Si un león mata a otro león, el más fuerte domina, pero su dominio es temporal algún día por otro león su vida será tomada.

En el ciclo de la vida y la muerte, nadie vive más de lo que le corresponde, pero...

El asesino toma la decisión de matar, no importan las armas ni la forma, la intención es destruir a una o a muchas vidas.

Cuando muera, en el juicio de la muerte, deberá enfrentar una a una todas las vidas que apagó, cada una con las vivencias que le hicieron falta.

Pero, como lo dicho anteriormente, en ese juicio verá lo que ocurrió antes, lo que pasará después de su acto.

Qué lo empujo a cometerlo, qué opciones tenía, como pudo evitarlo o si era inminente, cuando concluya, vibrará de acuerdo con su evaluación. Muchas almas de asesinos están congeladas por la eternidad, quien provoca la muerte por malas decisiones, asume la muerte.

Un asesino que quita la vida, igual en su juicio dependerá del acto, el asesino que asesina a un homicida ¿Qué lo mueve?

Para combatir el mal, siempre se necesita de un mal mayor, depende de la intención.

Lo más relevante de la existencia, se encuentra entre la vida y la muerte, la vida; como la opción de desarrollar, alcanzar, avanzar, descubrir el conocimiento, lograr metas y sueños, encontrar el sentido de estar vivo, con todo lo que esto significa.

Una vida, es la maravillosa oportunidad de tener una consciencia real, que permite descubrir las fronteras del espíritu.

La muerte, es la cesación abrupta de todas las posibilidades, nadie se salva de la muerte, pero esta ocurre cuando la misión ha terminado, pero quien decide matar por la razón que sea, asume para sí, la carga de esa vida.

Sin embargo, depende siempre de la intención, lo que existió antes y las consecuencias del después.

Ahora, matar, es un acto complejo de definir, abarca todo lo vivo, animales, plantas, insectos, humanos, inhumanos, existen probables razones para ejecutar estos actos, una vida es vida, es el juego de las vibraciones y las decisiones.

Y, una vez más; la intención.

RAZÓN E INSTINTO

Debes comprender que, en el juicio de la muerte, separas lo carnal de lo divino, el alma está encarnada en un cuerpo animal, posees instintos de supervivencia, acciones espontaneas que no obedecen con el deseo o intención.

¿Si tu hijo es atacado por un animal qué harías?

¿Si tu hijo es atacado por alguien que harías?

Reaccionas, en ocasiones razonas y tratas de evaluar, pero en otras, puedes tomar la vida del atacante, para salvar la de tu hijo.

Las opciones son infinitas, por ende, es el juicio de la muerte, evaluar los actos. En él tendrás que asumir las consecuencias de estos.

Eso puedo entenderlo, y es similar con la vida, pero, qué pasa con los desastres donde mueren tantas personas, cumplieron su misión de forma simultánea, ¿o en tu libertad cómo eres la muerte tomas vidas sin razón?

Nada en el universo ha sido tan cruelmente juzgado como Yo, se me condena y maldice, se me teme, se crean falsos y extraños conceptos, pero la realidad es otra.

No tengo injerencia cuando ocurren los desastres, no soy feliz ni me place perder la vida de tantos que tienen sueños y deseos de vivir, de aquellos que no

han cumplido su misión, pero por otras causas deben partir. Igual mueren, pero las causas no son mi deseo.

Algunos desastres son Sinos, eventos creados por la naturaleza en su profunda sabiduría, es donde el azar y la suerte aparecen del mundo de las sombras.

En un desastre unos se salvan otros mueren, es la suerte la que elige, otros que han realizado pactos conmigo tienen protección, y salvan sus vidas para continuar.

Otros desastres son creados por las decisiones que alguien toma, un piloto de aviación con problemas emocionales arrastra a muchos destinos a su final.

Un mecánico negligente toma la decisión de hacer mal un trabajo, un arquitecto usa materiales equivocados, y la lista es infinita, esas decisiones concluyen en un desastre. No han sido causa mía.

Son decisiones de hombres que cercenan los destinos de los hombres.

¿Qué sucede con los que mueren dejando su misión inconclusa?

Regresan, al mismo tiempo, y al mismo espacio, encarnan en cuerpos cercanos en donde vivían, familiares que tienen hijos inesperados, niños con rasgos y gustos similares de algún fallecido en un desastre, niños que recuerdan eventos o situaciones específicas, que no tendrían por qué saberlo.

De hecho, muchas personas sienten que determinados lugares o situaciones ya las habían vivido, se perciben fuertes atracciones, se es afín, se comparten gustos, son almas que se encuentran en otras vidas.

Cada uno descubre cuando se interroga sobre un tema, que sabe más de lo que supone, pero ignora porqué lo sabe, cuántas veces te interrogas si lo qué vives ya lo viviste, o conservas recuerdos fugaces de otras vidas, pero nunca encuentras una respuesta del porqué me temes. Quizá son recuerdos de tus muertes.

... El fenómeno de déjà vu, ha demostrado ese tipo de aparentes coincidencias, historias donde se perciben

vivencias de otra vida, pero no se pueden definir, fuertes atracciones con alguien que no se conoce, pero es profundamente familiar.

¿Esas almas que se vuelven a encontrar a través de las encarnaciones, solo son frutos de desastres o de vidas cortadas?

No, son almas cuyos lazos en una vida han sido tan fuertes que se siguen a través de las encarnaciones, pero recuerda no existe el género sexual, así que es diferente en cada encarnación, pero la atracción es más poderosa que el destino.

Quienes encarnan para concluir una misión, mueren al terminarla, son las muertes que pocos comprenden, niños sanos, personas jóvenes con una vida, solo vienen por un tiempo, concluyen su misión y parten.

¿Y Dios?

¿Cuál dios?

Soy el final, en todos los credos, religiones, dogmas, conceptos y creencias, soy La Muerte, atacada, condenada, maldecida, macabra, y todos los sinónimos despectivos que me puedan señalar.

Al igual que pasa con el demonio, se me combate, soy la sombra de la desgracia, le representación de la tragedia, el peor de los presagios, de una o de otra manera, se lucha por combatirme, anularme, destruirme, gritan y profesan que se debe vencer a la muerte.

Que tan lejos y diferente es la realidad, no soy contrincante para nadie, no genero guerras ni busco victorias, no destruyo, ni acabo con los sueños, solo soy la vida que debe mutar, soy quien abre las puertas de las encarnaciones, soy quien entrega el hilo de los destinos para que las Moiras los tejan.

Los conceptos y desconocimiento de la muerte llevan a extrañas proclamas me culpan, en misas, rituales, ceremonias, se exorciza, alejar al máximo la muerte, lo más temido de la vida, sin ver que no soy una enemiga, al contrario, soy aliada de quienes realmente viven.

Los vendedores de dioses aducen tener poder sobre la muerte, se inventan historias, explotan, usan y manipulan, venden el terror de mi presencia, y venden la salvación del alma. Pero no venden que la salvación de las almas no depende de mí, sino de cada uno.

No existe un dios que me venza, no existe, nadie escapa de mí, soy el inicio y el final, doy la vida y la tomo.

Pero... Dios... Solo es un concepto terrenal, donde esconder los temores humanos, dios, él es refugio de los débiles, mediocres que no valoran el poder que poseen y necesitan de un ente imaginario para poder vivir.

Dios es la razón para actuar o no hacerlo, dios es la creencia equivocada que limita los espíritus que pierden la oportunidad de estar encarnados, descubriendo el poder que poseen.

Son tantos y tantos dioses creados, que se han convertido en la muerte de las almas encarnadas.

No existe, nada ni nadie, que limite tu andar, tú eres libre de alcanzar tus sueños, descubrir tus horizontes, aprender y equivocarte, descubrir en tus errores el profundo conocimiento que adquieres al fallar en tus deseos, el valor incalculable de la experiencia.

No existe pecado ni perdón, al no existir no hay redención, nada te impide ser lo que desees, pero... Actúa sabiamente.

Ningún dios en ningún lugar ha vencido a la muerte.

¿Y Jesús él se supone que resucitó?

¿Te consta lo que dices? ¿O consideras que; porque un libro dice es real? No ves, que el juicio de los muertos es de cada uno y no de un dios, el mundo terrenal, está lleno de dioses, pero solo existe una muerte; Yo.

Te venden un redentor que según dicen resucitó de entre los muertos, no hay en el universo ninguno que haya ingresado en el dominio de la muerte y traspasado sus fronteras que haya regresado a la vida.

Pero existen miles, millones, que han estado muertos y reencarnan nuevamente, ellos ingresan hasta el punto de retorno, se acercan al final, pero aún no es para ellos el tiempo de morir, regresan a la vida, pero, luego de ver lo senderos de la muerte, valoran más su existencia.

Te han dicho, tantas cosas después de la muerte, un dios te juzgará, quienes venden a dios, me han convertido en un negocio de compraventas de almas, cielos que te ofrecen, por un diezmo; te libras del juicio y no vas al infierno.

Te amenazan que dios será tu juez, que lleva un libro de todos tus actos, que debes ser un miserable, un conformista, un nada, para salvarte a la vida eterna.

No te das cuenta; que no puede existir vida eterna, existe eternidad el espíritu, pero nadie ni nada terrenal es eterno.

La carne es tierra y tierra es, todos tus deseos, sentimientos, emociones, placeres, todo lo que puedes llegar a sentir es carnal, cuando mueras, tu carne

será solo un cadáver sin sentidos, y tu alma libre de ellos.

Así, que no podrás disfrutar de los placeres celestiales, ni tendrás el sufrimiento del fuego eterno. Todo lo que suceda con tu alma en el más allá, estará dentro de ti, en tus vivencias, en tus actos, si en tu juicio te condenas, tu alma se recoge viviendo en esos actos por eternidades.

¿De dónde vienen las almas, cómo ingresan en el cuerpo y cómo desencarnan?

Cuando la nada tomó forma creando el mundo material, en esa profunda meditación, se disolvió a sí misma en su interior.

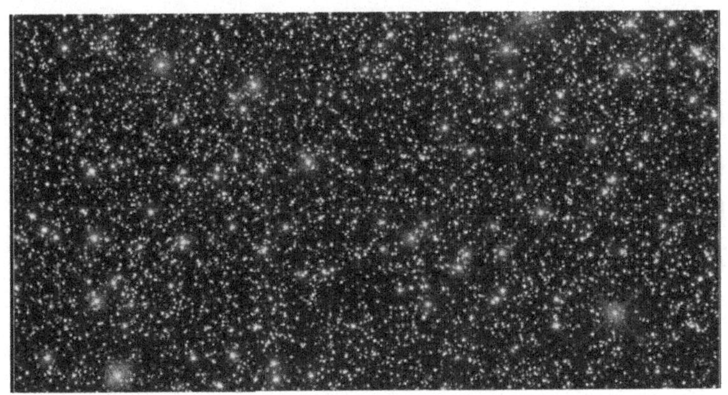

Todos los universos materiales posibles, todo lo que pueda existir en formas, lugares, tiempos y espacios, están vivos en la meditación de la nada o el espíritu. No hay existencia que escape a la nada, esa nada primigenia lentamente se disuelve en energías sutiles, espíritus de todo cuanto creó, energías densas que son la materia tal como la conoces.

Siendo la materia temporal y el espíritu eterno, se disolvió en un infinito de espíritus cada uno con una individualidad y libertad total, una parte de ese Todo fundida con Todo.

Al ser una energía tan sutil debe encarnarse en el mundo material de forma temporal, en la medida que libera su profundo conocimiento avanza, en diferentes encarnaciones.

Cada instante del instante de las eternidades millones de nuevos espíritus son liberados desde del Gulf de la nada, para encarnar en un cuerpo material, el espíritu se funde con el alma, luego encarna.

Cada uno, posee el conocimiento total, pero está concentrado como en una semilla, solo mediante las diferentes encarnaciones va liberándolo.

Cuando estás vivo, al enfrentar la vida con todas sus opciones y alternativas, vas liberando ese conocimiento, jamás aprenderás nada que ya no sepas.

¿Por qué consideras que algo te gusta o te atrae? Posees muchos dones, con los que naces, ese conocimiento fluye a través de tus encarnaciones.

Si miras en la historia humana, existen otras almas en otros cuerpos en otros lugares, pero en la historia humana que es reciente, comprenderás fácilmente como ese conocimiento se va desarrollando en beneficio de la vida. Cada alma que encarna trae consigo la experiencia de su vida anterior.

Cuando llegue el fin de los tiempos, la nada será Todo, será perfecta.

Tendrá todos los posibles conocimientos, cada alma en sus vivencias libera de ese espíritu esa sabiduría,

cuando todos los espíritus se fundan nuevamente, la nada será perfecta. Y todo eso ocurrirá en un instante de la eternidad de las eternidades.

Los espíritus fundidos con las almas van migrando con cada encarnación, enseñando a recordar a las almas nuevas, existen almas con espíritus viejos, que han avanzado en las diferentes encarnaciones, vibran en otras escalas, poseen sabiduría, conocen los senderos de la vida y la muerte.

Las almas, las sombras y las entidades, flotan entre los dos mundos, cuando una pareja se atrae, sus vibraciones emiten un llamado, que cautiva a determinadas almas, en todas las parejas, existe siempre la posibilidad de un embarazo, las Moiras, el Hado, hacen que esos destinos se crucen para tener un cuerpo para un alma.

Antes que el cuerpo exista, el alma vibra tocando esas almas, mujeres y hombres que sueñan con hijos, sutiles señales de poderosa atracción le inducen...

Durante el embarazo, las almas, entidades, seres del inframundo, almas atrapadas, que desean encarnar,

nadie imagina todos los eventos que ocurren antes de una encarnación.

Las sombras protegen el alma que va a encarnar, la encapsulan cerca del cuerpo en el que ha de habitar, cuando ese cuerpo nace y se desprende de la madre se inicia la encarnación, algo que dura algún tiempo.

Todos podrían recordar ese momento, que queda grabado, el tiempo siguiente; el alma mantiene contacto con los seres protectores, se abren puertas misteriosas las mascotas las perciben y las almas encarnadas sonríen.

¿Las sombras o esos seres que se conocen como mágicos, cuanto tiempo cuidan de las almas?

Están toda la vida, pero su presencia se minimiza con el tiempo, no interfieren con los actos, están ahí, son voces que se oyen cuando se habla consigo mismo, son testigos mudos de esa vivencia, están presentes y son las causantes de muchos eventos que se consideran milagrosos.

Tú puedes contactarlos, comunicarte con ellos, sentir sus presencias saber que están ahí, lo haces cuando comprendes el valor de la vida.

En silencio sin incomodar tu vida, sin hacerse presentes, te hablan, te inspiran, te guían, te inducen a cambiar de idea, o de decisión, tienes un paseo y algo te dice que no vayas y te salvas de morir.

Vas a un lugar y algo te hace cambiar de rumbo, y en ese cambio encuentras la felicidad tan anhelada, ellos no intervienen en tus decisiones, pero te insinúan, nunca estas solo mientras estés encarnado, ellas siempre están, invítalas a tu vida y lo comprenderás.

¿Por qué las almas encarnan, si la nada ya tiene todo?

En el mundo terrenal todo tiene espíritu, algunos son y así permanecen, no tienen un alma individual sino colectiva, pero todo contiene esa vibración, cada planta, insecto, piedra, agua, animal, posee una vibración única, no avanza es y seguirá siendo por los tiempos, su presencia complementa la misión de las almas forma parte del auto descubrimiento de la sabiduría.

Esas almas no encarnan son perpetuas mientras la tierra exista, cuando la tierra muera morirán con ella.

Cada alma, en su avance y conocimiento va liberando a través de las encarnaciones la sabiduría interna, la gran mayoría no cumplen su misión, debe encarnar una y otra vez hasta que encuentran el sendero de la liberación.

Mis sombras en la creación dejaron los principios rectores para que cada alma encuentre el sendero, pero la libertad ha anulado esos viejos conocimientos, las almas se pierden abandonando el sentido de vivir.

Muy a pesar, que existen entidades guías, sombras y seres de luz y oscuridad, que muestran los senderos, pocas almas las oyen.

En ocasiones, se necesitan varias encarnaciones para terminar de liberar un conocimiento. Lo que puedes hacer en una vida, llegas a necesitar mil vidas si no sabes actuar.

La nada en su poder interior debe conocer el significado vivencial de todas las opciones, y estas, ocurren en cada destino, a su vez, el destino está en cada alma que encarna, y todos son diferentes.

Imagina la magnitud de la sabiduría. Millones de vidas en eones, solo serían el inicio del gran conocimiento.

La nada posee toda la sabiduría, condensada en sí misma, debe liberarse para comprenderla, es similar con un libro, lo tienes en tus manos, allí está el conocimiento, pero, la única manera de descubrirlo es leyéndolo, cada página una encarnación.

No sabrás de qué es una semilla, aunque contenga toda información, solo el fruto dirá cuál era su esencia.

La nada para ser todo, a través de las almas se descubre, cada alma deberá llegar a ser creadora de sus mundos, y permitir que sus creaciones desarrollen su conocimiento, en otras palabras, se crean infinitos universos dentro de la nada, dentro de cada alma que crea su mundo, las almas creadas en ese submundo,

crearan otro, y otro, y otro, y así por la eternidad, la sabiduría es infinita para llegar a la perfección.

¿Si eres la primera creación tienes alma? ¿Cómo es el alma de la muerte?

Soy en esencia vida, soy parte del espíritu, no poseo alma, soy junto con la nada lo único eterno. Soy lo último en entrar en el reposo de la existencia y lo primero en despertar, sin mí, La Muerte, no existe la vida.

No poseo alma, pero las conozco a todas, a través de mí, viven y mueren, transmutan en las diferentes encarnaciones, cumplen sus destinos, alcanzan la sabiduría.

He visto vivir y morir a cada alma, he visto con tristeza como se dilapida una vida, lo que sacude mi existencia.

¿Tú sufres, lloras?

No tengo sentimientos no soy corpórea, pero lloro cuando debo liberar almas que tuvieron vidas vacías,

cuando un niño es asesinado o muere un anciano que nunca hizo nada en vida, duele, la impotencia que produce ver vidas abandonadas, oportunidades desperdiciadas, bien por la mano de un homicida, o bien por la negligencia.

Son millones de almas que esperan una oportunidad de encarnar, para otros, que la han tenido y la desperdician.

La fantástica experiencia de vivir, con todos los aparentes sufrimientos, poder descubrir las mieles del amor, poder saborear el amargo fracaso y encontrar el dulce néctar del triunfo. Vivir es la libertad de ser. Cumplir la tarea y realizarla, una vida bien vivida, son encarnaciones de diferencia.

¿Quién o qué define la misión de las almas?

No hay un quién, la misión de cada alma es definida por sí misma, la esencia de la sabiduría yace concentrada en cada espíritu, con las diferentes encarnaciones, vas liberando esa sabiduría, así cada vida permite descubrir un poco más.

Recuerda; todas las almas que comparten un tiempo y un espacio están eslabonadas, generan lazos que perduran en el tiempo para las nuevas almas que encarnarán, cada acto por trivial que pueda parecer afecta las vidas de todos.

Observa como el desarrollo no es solo material sino espiritual, las encarnaciones de las almas han creado futuros y existen infinitos futuros.

Tú eliges tu misión a través de las encarnaciones, de acuerdo con el conocimiento que has liberado en cada una de ellas.

Cuando tienes un problema, cuando tienes una duda cuando debes encontrar una solución, cuando debes

suplir una necesidad, meditas, ingresas en la mente que se une con el espíritu e inicias el proceso buscando respuestas.

Todas las respuestas están en tu interior, es allí donde descubres la sabiduría, esa, la enseñas a otros que la unen con sus avances y esos a otros, no hay un final de la eterna sabiduría, hasta que puedas crear tus multiversos.

Eso es algo que solo unos pocos pueden comprender, los espíritus viejos en su avance de las diferentes encarnaciones descubren el poder de la creación, y lo primero que crean es la muerte.

El gran escultor que desea crear su máxima obra, la 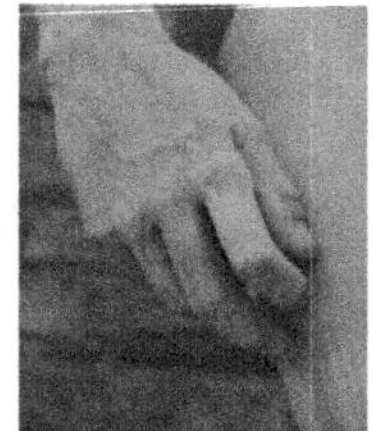 cual ya está existe en su mente, extraída de su conocimiento interior, sabe que dentro del bloque de mármol están todas posibles esculturas.

Es cuando con cuidado, destruye, mata, los pedazos de mármol que atrapan la escultura, y cuando todos han muerto, del interior emerge la creación. La escultura siempre estuvo allí atrapada.

Igual ocurre con las vidas, todo está dentro de cada uno, solo hay que ir retirando lo que sobra a través de las encarnaciones.

Al final del sendero, cuando se observa lo vivido, se ve aterradamente lo poco que se hizo en la vida, una vida desperdiciada, conformista, vacía y sin sentido.

La libertad mal utilizada, el miedo, mala educación, cultura y dogmas, entornos difíciles, padres complacientes son tantas cosas que anulan el avance, quitan la oportunidad de descubrir el potencial de la sabiduría interior.

¿Cómo se extrae esa sabiduría?

A través de los tiempos, al estar encarnado en el mundo de las opciones, cada alma se autodescubre y descubre el poder. Las almas encarnadas ignoran que están habitando en un mundo ilusorio que pueden modificar, transformar o variar.

Algunas lo comprenden otras lo suponen, pero pocas lo dominan.

En las vivencias se presentan un infinito de situaciones, un juego mental, un sentimiento, un aparente sufrimiento, una necesidad que suplir.

Las almas al ser libres actúan de formas diferentes frente a igual situación, quienes buscan respuestas o soluciones, van extrayendo la sabiduría que poseen. Solo, mediante la búsqueda interior para actuar en lo exterior te descubres, pero, la mente crea barreras de limitación e incapacidad, se ve la vida como un castigo, una destrucción, se le maldice, se siente la impotencia ante las diferentes situaciones, se desvanece la voluntad ante lo inesperado.

Se cae en la desidia, el conformismo, la aceptación, la encarnación pierde todo su sentido, una vida vacía e inútil.

Vives en el mundo donde son más los éxitos que los fracasos, donde las opciones son interminables, tienes desde que naces todas las soluciones y todas las respuestas a todas las pruebas de la existencia.

En ti, y dentro de ti, está latente el conocimiento para sortear la vida, pero, ese conocimiento está fragmentado en diferentes almas, necesitas de todos para cumplir tu misión.

Puedes tener el conocimiento para navegar los mares, pero no lo haces solo, necesitas del carpintero que diseña la nave que quieres, necesitas del cocinero que te prepare el alimento, del que sabe hacer las sogas y las velas, y si miras profundamente necesitas de todos.

Cada uno experto en su área, ha extraído ese conocimiento específico para que tú cumplas tu misión, y ayudas para que ellos cumplan las suyas.

¿Tienes un problema? Si en ti no está la solución, muy cerca alguien la tiene, igual, tú tienes la que alguien puede necesitar.

Así funciona el mundo donde las almas cumplen su misión, un juego de oportunidades, amparadas en la libertad, por eso ten en cuenta, en el juicio de la muerte sufrirás no por lo que hiciste sino "por lo que dejaste de hacer, pudiendo hacerlo".

Todos los eventos por simples que puedan parecer son una increíble oportunidad para extraer tu sabiduría.

☠ Algo puedes crear nuevo que todos necesiten y suplir una necesidad.

☠ Algo puedes mejorar o reparar.

☠ Eres solución para los muchos interrogantes de otros.

☠ Estás dotado desde antes de existir de un profundo conocimiento especifico, un don, un arte, una habilidad, todos poseen esas herramientas, solo deben descubrirlas.

La vida te crea:

- ☠ Problemas
- ☠ Sufrimientos
- ☠ Dificultades
- ☠ Angustias
- ☠ Tristezas
- ☠ Enfermedades
- ☠ Desilusiones
- ☠ Fracasos
- ☠ Tragedias
- ☠ Trabas

Los obstáculos más difíciles, las limitaciones y tormentos más intensos, todo lo que tu imaginación suponga como difícil, inaceptable trágico.

Pero todo eso y más, es lo que hace que descubras tu poder, nada de eso es eterno, nada es fijo sin que se pueda cambiar.

Cuando tienes problemas, cada problema te aporta un beneficio, pero, si aprendes a no ver el problema sino el reto y desafío de encontrar soluciones, descubres cuanto sabes, y, si hayas una solución, cuantas más soluciones encuentras, jamás tendrás problemas que no puedas afrontar.

Entonces tu vida habrá sido vivida, cuando enfrentes tu juicio, te darás cuenta; que, has avanzado en el conocimiento y la sabiduría, preparando tu próxima encarnación.

Suele suceder que, en algunos momentos de tu vida, debas afrontar situaciones difíciles, peleas, disgustos, abandonos, eventos que constreñirán tu alma hasta lo más profundo de tu ser, sentirás que estas a punto de sucumbir, y cuando llegas a ese extremo crucial, es cuando liberas el gran poder que posees, a veces es la única forma que te des cuenta de lo fuerte que eres.

LO QUE DEJAS EN EL MUNDO

Es esto una parte de tu juicio, quizá la que marque tu próxima encarnación ¿Qué dejaste de tu presencia en el mundo que abandonas, cuando mueras?

No solo un recuerdo fugaz en quienes te conocieron, que mejoraste, que creaste, que quedó de ti, ¿Cuál fue tu aporte a la vida de todas las almas?

¿Sembraste un árbol que luego de tu partida quedó frondoso donde las aves buscan refugio y los amantes un amor eterno?

¿Cuáles fueron tus actos? Fuiste ayuda o carga, solución o problema, construiste o destruiste.

No se trata de perpetuar tu nombre o tu identidad, son las energías que has dejado de tu presencia en el mundo, quizá nadie lo sepa, pero lo sabes tú.

En el juicio de la muerte lo comprenderás.

Todas las almas cuando desencarnen deben dejar el mundo con algo mejor que como lo encontraron, deben dejar un sendero y no hay sendero pequeño, algo de lo que hiciste; si lo hiciste, será un aporte para otras almas, ¿Pero si dejaste de hacerlo, pudiendo hacerlo?

¿De qué habrá servido tu presencia en la vida?

Partir del mundo del conocimiento sin llevar nada y sin dejar nada, es una encarnación perdida, para quien se va, para quienes se quedan y para quienes encarnarán.

Tu vida, a pesar de los aparentes problemas y sufrimientos, es una maravillosa experiencia, te prueba, te hace fuerte, te descubre y a través de ti, el poder del espíritu se descubre, así mismo.

No hay vidas vacías, solo mentes limitadas, cegadas por los temores, atrapadas en los dogmas, limitadas por culturas empobrecidas de preceptos inexistentes.

La vida, es el abanico que te brinda todas las dificultades, para que tú liberes todas las opciones, tú haces el cambio, si estás en este mundo, estás porque tienes el poder para transformarlo.

Tus actos, tus pensamientos hechos obras, tu presencia, transforma los mundos, en tu libertad debes descubrir que poder tienes, que don te ha sido otorgado, que herramienta esconde tu espíritu, para que seas parte del cambio. Es tu libertad. Habla con tu alma, escucha las sombras que te gritan cada amanecer...

¿Qué has hecho con tu vida, qué has hecho en tu vida? Tienes el tiempo aun para hacerlo.

¿Cómo sé cuál es mi misión?

Todas las encarnaciones van liberando un infinito de conocimientos que trascienden en las diferentes vidas.

Pero, olvidas las anteriores, al nacer no sabes que hay dentro de ti, llegas con una semilla que solo a través de las dificultades y necesidades vas descubriendo.

A la otra vida llevas conocimiento no recuerdos... Pero llevas algo más, algo que te permite conocer tu misión, aquello para lo cual estás hecho.

- ¿Qué te apasiona?
- ¿Qué te gusta?
- ¿Cuáles son tus sueños cuándo tu mente divaga?
- ¿Qué es lo que más te atrae y te llena?
- ¿Para qué te consideras bueno?

De dónde supones que vienen tus gustos, aquello que te atrae, eso que fluye desde lo profundo de tu

interior, eso que te hace feliz. Desde lo profundo de las encarnaciones tu alma se llena de ese conocimiento que transciende en deseos, una pasión sin límite, algo que te atrae poderosamente.

Un don, una habilidad, una forma de pensar, una tendencia, y todas esas virtudes, están acompañadas y unidas a un cuerpo donde puedan fluir.

Los dedos largos y estilizados del músico, el cuerpo grácil y ágil de la danzarina, las manos del escultor, la fuerza del luchador, la calma del pensador, la inquietud del que descubre, la devoción de ayudar del sanador, el olfato y el gusto sorprendente de quien le atrae la cocina.

La visión espacial del arquitecto, la atracción misteriosa del astrónomo, que busca el recóndito espacio donde nació la vida.

Todas las almas están dotadas de habilidades y recuerdos del conocimiento de otras vidas, ingresan en los cuerpos que vibran con ese conocimiento, al seguirlo lentamente con el paso del tiempo y tu pasión, tu misión se concluye, aunque pueda suceder que no te des cuenta.

Solo lo comprenderás en el juicio de la muerte, vive, construye, sigue tus sueños y tu pasión, así tu vida será completa.

Tus logros serán más fáciles, descubrirás el sentido de "estar vivo" cuando haces lo que amas, descubres por qué estás aquí.

Tus actos afectaran a todas las almas de una o de otra manera, tanto las que vivan contigo, como las que vengan en el futuro.

Pero debes tomarte un tiempo para mirar dentro de tu alma, la libertad hace que muchos sigan sueños de

otros, o limiten los suyos, el alma se confunde con las diferentes alternativas de la vida, se toman decisiones equivocadas, se hace lo que no se debe y se actúa con lo que no se quiere, donde no hay pasión ni deseo.

Vivir sin esto, es llevar una vida vacía que pronto cae en la rutina y la desolación, no da nada, no aporta nada, y al momento de la muerte no hay nada, se dejó de hacer, lo que pudo hacerse.

Tu misión está dentro de ti, pero no es como la percibes desde el mundo de los vivos, tienes un destino que tú construyes, y en ese destino te entrecruzas con otros destinos a lo largo de tu vida, y a su vez con otros más, entre unos y otros las Moiras te ayudan a cumplir tu misión.

La cual se puede realizar de muchas maneras o actos que probablemente ignores, pero, tu presencia en el mundo es por algo, trascenderá en los futuros, todas las almas están entretejidas.

¿Quién controla los destinos, quienes son las Moiras?

En el inicio de la existencia, en el universo donde la nada tomó forma, al nacer conmigo nacieron las parcas, las sombras, las Moiras, los seres mágicos, mis ayudantes.

Ellos están presentes a través de todas las vivencias de las almas, actúan en silencio, los percibes y los sientes, guían o impulsan tu vida de diferentes formas.

Ellos y yo, cuidamos de cada alma, pero respetamos profundamente la libertad, somos inspiración, damos señales, bloqueamos decisiones para que no caigas y pierdas tu rumbo, te mostramos el sendero y si nos invocas y permites la guía, sentirás nuestra presencia.

En todas las culturas humanas estamos presentes como un recuerdo, nos ignoran como algo inexistente, pero somos reales conducimos los hilos de la vida.

Las Moiras mis hermanas, te brindan esos elementos extraños que pasan sin razón, vives en la desdicha y de pronto sin saber cómo llega la felicidad.

Tienes una necesidad y de alguna extraña manera tu destino cambia encontrando una solución, la suerte y tu destino están profundamente unidos, la suerte te la entregan mis hermanas y yo con una de ellas damos la vida y la muerte.

Tenlo por presente en tu viaje a través de la vida, nunca estarás solo, recuerda que existe una frágil línea entre los dos mundos, donde las almas se conectan y los espíritus fluyen, ese mundo inmaterial metafísico, al que puedes ingresar, si conoces los secretos para hacerlo.

Nos han olvidado, tergiversaron nuestra existencia, nos condenaron como las destructoras de la vida, crueles y malévolas, crearon dioses que usurpan

nuestra presencia, pero aún tienes los arcanos para encontrar los pactos e invocar nuestra presencia.

Si sabes hacerlo, si escuchas en el silencio de tu alma, si miras las señales, si comprendes y te comprometes por vivir no lo dudes, estaremos a tu lado para que cumplas tu misión y tu vida sea completa para tus próximas encarnaciones.

Pero siempre será tu libertad si deseas invocarnos u olvidarnos, igual en el juicio de tu muerte lo sabrás, si teniendo la oportunidad de hacer no hiciste.

Desde la antigüedad del mundo de los vivos, las Moiras, Parcas han existido, no son una leyenda somos reales, y es lo único seguro que tienes en la vida, tu muerte.

Pero no actuamos si no nos invocas, así como buscas tu sustento en el mundo físico, así debes hacerlo en el mundo espiritual, estamos tan cerca y a la vez tan lejos, en tu libertad de ti depende, conoceme y descubrirás la vida.

Percibirás nuestra presencia de maneras que no imaginas, ocurrirán portentos, tendrás un destino sin obstáculos si te dejas guiar, tendrás inspiraciones que son la suerte para ayudarte a cumplir tu misión, no somos tus enemigas ni somos la destrucción, solo cuidamos almas que encarnan y desencarnan para su tránsito en la eternidad. Somos las parcas, somos la muerte y somos la vida.

¿Cómo se puede vivir plenamente y cumplir la misión? Tú eres la muerte, tus secretos dejados por las sombras como dices, no existen, son solo recuerdos vagos de filosofías o culturas ya desaparecidas, ¿cómo debo vivir para que, en el momento del juicio, logre cumplir mi misión?

El proceso de la vida es una fantástica aventura de las almas, naces en un cuerpo, en un lugar, con una cultura, un idioma, un mundo desconocido, al inicio no comprenderás que estás aquí, y porqué estás aquí.

En tu infancia no eres tú, aunque ya demuestras tus dones y habilidades, dependerá de tus guías, padres, educadores, cultura, si esos dones se exaltan, se estimulan o se anulan, algo que le pasa a la mayoría,

es donde aprecias que unos triunfan desde niños y otros fracasan.

El alma dotada de la sabiduría de los pintores, plasma en el lienzo de una pared los primeros trazos del gran pintor, allí hay dos destinos, se le apoya, se le estimula, se le permite, o se le castiga anulando la virtud.

Debes enfrentar el capricho de quienes protegen tu pequeño cuerpo, la imposición de lo que otros quieren que tú seas, te quitan tus sueños y amputan tu misión.

La gran mayoría de almas se pierden en el inicio de sus encarnaciones, los dogmas, credos, creencias, culturas, ahogan el conocimiento que trasciende de otras vidas, lo condenan, cuestionan, juzgan y por

último lo destruyen llevando las almas a la infelicidad de una vida, perduran en el tiempo, donde quizá el poder interno en algún momento de su libertad se libere.

Has visto, como a los niños se le adoctrina no a construir, a luchar por sus ideales, sino se le impone, se les dice que su vida es solo lo que un dios quiera, que a ese dios le deberá pedir, que ese dios manda, los limitan, rasgan sus sueños, despedazan su existencia, antes de conocerla.

Les impones sin permitirles que su esencia fluya, guías ignorantes, que su ignorancia destruye almas y encarnaciones, por eso ves por doquier cuerpos vivos sin almas.

Seres extraviados en su miseria interior, vidas vacías, aisladas del verdadero sentido, rezanderos que claman a un dios la solución, cuando en su alma tienen todas las soluciones, son seres que, al morir en su juicio, comprenderán que lo tenía todo, pero el miedo a sus creencias los ahogó.

Solo cuando llega el momento final, se produce la muerte. Algunos al morir ven aterrados que su vida fue inútil.

Durante la infancia nace la rebeldía, se lucha por ese deseo que se trae de otras vidas, la inquietud, la tendencia donde se percibe la plenitud con lo que se hace, quien descubre ese tesoro y encuentra apoyo crece en su pasión viviendo la vida a plenitud acompañado para siempre de la suerte.

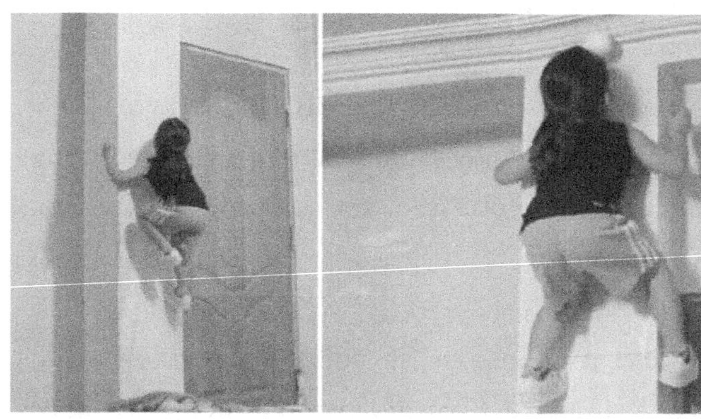

Dejamos desde siempre una guía para comprender las almas, la forma de descubrir los espíritus encarnados y ayudarlos en su nueva encarnación, pero, con el tiempo, los dogmas y caprichos sometieron la libertad en la esclavitud de los espíritus.

Cuando un alma se encarna dale libertad observa que habilidad tiene, permite que su interior fluya, aquello que demuestre, estimulala, ayudala a crecer, así le será más fácil encontrar su sendero. No la corrompas ni le impongas. Cuídala, apoya esa alma, cuando descubras su don y habilidad, déjala libre para que libere toda su sabiduría. Serás orgulloso de tus hijos y eso lo verás en tu juicio.

No es lo que quieras que sean tus hijos, es lo que los espíritus de ellos quieren ser.

A pesar de eso, las Moiras y mis ayudantes modificarán los destinos para que esas almas encuentren su sendero, por eso ocurre que en ocasiones luego de algunos aparentes sufrimientos y dificultades, las almas encuentran su pasión.

Si miras con atención, los que más sufren en la vida son aquellos que hacen lo que no desean, a quienes les imponen, les cierran las oportunidades de ser, y aun a pesar de eso el espíritu lucha, no es tan difícil basta con observar tu entorno y ver, no los cuerpos sino las almas atrapadas en vidas sin sentido.

Si te atrevieras a preguntar comprenderías, el dolor de muchos que viven vidas que no quieren vivir.

Tuvieron oportunidades, están encarnados en el mundo de las opciones, millones de alternativas de liberar su sabiduría, pero fueron vidas truncadas, sin sentido, ¿Qué llevan a la otra vida y qué dejaron en está? ¿Qué hicieron en su vida, y qué dejaron de hacer? Nada...

Me desean como bálsamo para sanar sus vidas vacías, pensando equivocadamente que se liberarán de sus penas, pero... Al contrario se enfrentarán al peor de los juicios...

Pero todos pueden cambiar, si cambias la perspectiva y rompes los lazos que limitan, debes hacerlo a tiempo, si dejas pasar la oportunidad, toda tu vida habrá sido en vano. Sufrirás mil encarnaciones por lo que dejaste de hacer, pudiendo hacerlo.

Algo que al inicio es difícil, pero si de verdad deseas un cambio, mis aliados te ayudaran, puede que te cueste.

Luego de tu muerte, te enfrentarás con tus actos así que piensa bien mientras vivas, como vives.

LA VIDA

Despierta, cada amanecer, descubre el poder que mora en tu interior, comprende que los días bajo el sol son efímeros, tu existencia viaja cada segundo a los confines del más allá.

No te detengas por sufrimientos pasajeros, superalos, descubre tu fuerza interior, y levántate sobre la adversidad, en ti, en el fondo de tu ser, están todas las respuestas, y en el mundo terrenal todas las opciones.

Se feliz, pero exígete para lograrlo, no caigas en el bienestar pasajero e inútil, lucha con todas tus fuerzas por conquistar cada día.

A pesar de las brumas, el sol, continua su paso por tu vida, aléjate del mal en cuanto puedas, pero extrae de ti siempre lo mejor.

Los tormentos son de tu mente no de la vida, y vivirán en tu mente mientras tu así lo quieras y los permitas, arrancalos, actúa, dinamiza tu existencia, vive cada día, como si fuera tu último día.

Cumple con tus metas que por difíciles que sean siempre podrás alcanzarlas si de verdad te lo propones.

Persigue tus sueños, lucha por ellos, se el creador de tu destino, no te dejes abatir por lo inesperado, no sucumbas a la adversidad, ella está en tu vida para retarte, desafiarte, para que demuestres lo grande que eres, o para que te venzas sin intentarlo.

Cuida bien tus actos, has lo que debas hacer, pero se consciente de las consecuencias, disfruta de tu

vida y de tus placeres mientras los tengas, goza de tu piel y de la tierra, solo tienes una oportunidad no la desperdicies en sueños fallidos.

¡Tú puedes, si de verdad lo deseas!

Háblame del amor

¿Qué es amar?

Un profundo sentir, la fuerza que mueve las almas, un lazo que perdura más allá de la vida cuando de verdad amas.

Amar produce el dolor más agónico tan intenso que fragmenta los espíritus después de la muerte, algunos por la eternidad.

El amor es el sentimiento que posee al tiempo la más alta felicidad y la más terrible destrucción del alma.

Es el acto del amar es el que más vidas destruye y el que más condenas tienen en el juicio de la muerte.

Cuando amas, si no lo haces con amor, dañas no solo un cuerpo, dañas la vida, cercenas sueños e ilusiones, destruyes esperanzas, lanzas a la hoguera de la duda, el miedo, el abandono y la desdicha, a quien sufre por amor.

El amor es la esencia viva, es la unión de dos almas, que construyen nuevos senderos donde darán vida a las almas que encarnan, es el sentimiento que libera la fuerza del espíritu para vivir.

El amor te mueve, te enaltece, te agranda, te hace superior y mueve los hilos de tu vida para alcanzar metas y realizaciones, el amor construye los destinos de dos en uno solo.

Pero, cuando causas daño por amor, cuando disfrazas otros intereses, cuando mientes y engañas, cuando solo presumes por someter o alcanzar, cuando te mientes a ti mismo no amando a quien dices amar, destruyes y te destruyes.

Quizá no te des cuenta y presumas de los logros del amor, quizá ignores el daño causado y lo olvides, pero ya lo recordarás y veras el fruto de tus actos.

Muchas almas encarnadas en cuerpos lacerados por amores destruidos, no destruyes un ser, destruyes miles de seres, hijos abandonados, sin guía ni sustento, madres sufrientes, padres engañados, vidas mancilladas.

El amor es algo que debes manejar con sinceridad, con honestidad, con respeto, con dignidad.

Ama sin poseer, ama sin esperar, ama sin comprometer el destino y el amor, ama simplemente.

No uses el amor como excusa para vivir, no te escondas en falsos amores, se amor, vive libremente el amor, recuerda que ese sentimiento tan profundo trasciende encarnaciones o fragmenta y destruye espíritus, almas y cuerpos, de ti depende.

Si tienes deudas de amor, es hora de saldarlas, por ti y por los que tienen un sufrimiento por tu causa.

No ames con un interés escondido, se cauto, toma un tiempo antes de amar y entregar tu cuerpo y tu destino, recuerda que los lazos del amor son eternos a través de las encarnaciones y si amas de verdad,

en otras vidas el amor te seguirá, lo sentirás jamás lo dudes.

No sufras por amor, vivirás muchas desilusiones, tendrás decepciones, pero no es el amor que te ofrecen lo que te debe importar, es el amor que das lo verdaderamente valioso.

Controla siempre al amor, si lo dejas libre, te arrastrará a mundos oscuros de los que no podrás escapar, por amor llegaras a cometer errores que destruirán tu vida y aún tus encarnaciones.

Cuida tu piel es el templo de tu espíritu, no lo mancilles disfrazando tus deseos carnales como amor, disfruta de tu deseo, pero no lo escudes ni engañes con un amor ficticio.

El amor es la mas sublime expresión de la vida y la gratitud de las almas, valoralo y respétalo.

El verdadero amor y la pasión son los motores para alcanzar tus sueños.

¿Cómo debo actuar?

No existe un código o leyes que debas cumplir, eres libre para actuar o no hacerlo, de ti depende, pero debes prepararte.

La zozobra de la vida te llevara por áridos senderos, las dudas e incertidumbres atraparan tu mente desorientándote.

Vivir es encontrar en los mil senderos del tiempo tu sendero, mantén tu fuerza interior en conquistar tus sueños y tus anhelos, escucha siempre tu corazón él sabe más que tu razón.

Valora tu vida como el bien más preciado, vive en tu libertad sin alterar la de otros ni ver la libertad de otros, cada cual vive su experiencia como desea.

Intenta con toda tu fuerza, luchar cada día un poco más, exígete, conoce, aprende, enfrenta la adversidad con dignidad no con debilidad, descubre el sendero que te lleva al confín del bienestar.

Tú eres el constructor de tu vida, tú creas los senderos de tu destino, cada sendero tiene dos orillas, siempre camina por el centro.

No te dejes llevar por aventuras sin sentido ni camines senderos que no son los tuyos, no sigas otras huellas, ni busques que sigan las tuyas, se prudente en tu actuar y en tu hablar.

La puerta de tu vida debe ser siempre muy pequeña, para que solo ingresen a tu existencia los que te ayudan a crecer, aléjate de la soberbia, la vanidad, el engaño, aprende a estar en paz, busca la serenidad de tu mente y tendrás la serenidad de tu alma.

Recuerda que es tu vida y tu destino, aprende a no dañar otros destinos interviniendo en ellos, aunque pienses que haces bien, educa, enseña, muestra cómo se construye un sendero, pero nunca construyas uno que no sea el tuyo.

Vives con un universo de almas, que vibran en diferentes escalas, algunas querrán atraparte otras condenarte, mira siempre las intenciones y toma un tiempo para reflexionar.

No existe una vida sin penurias, desafíos, felicidad e infelicidad, tu vida es una colmena de eventos que se mecen entre la calma y la tormenta, aprende a navegar en ella.

Cada atardecer, tómate un tiempo para sanar tu alma y evaluar tus actos, cada día, revisa tu nuevo andar, recuerda siempre en tu memoria que no importa lo que hagas eso no te condenará, pero piensa siempre en lo que dejas de hacer.

Lo que hagas hecho está y deberás responder por ello, pero lo que no hiciste pudiendo hacerlo, cuanto lo lamentarás.

Busca alcanzar tus metas, lucha por tus sueños, aquello que traes de otras encarnaciones, ese algo misterioso que es tu anhelo más profundo, lucha por conquistarlo, confía en los seres que cuidan tu destino, búscalos, invocalos, atraelos a tu vida, para que se conviertan en faros en las noches de confusión. Pronto te darás cuenta, que puedes avanzar y transformar tu vida.

Cuídate de almas pérdidas, pueden buscar tu perdición, busca alejarte de tentaciones que parezcan llevarte a la fortuna y la gloria, son senderos que conducen al dolor y el sufrimiento.

Permite que cada uno, viva su vida en su libertad, no compitas con los demás en la vida, todos, algún día morirán.

No te apegues de nada del mundo terrenal, todo es efímero, disfrútalo al máximo mientras lo poseas, úsalo, que te sirva para cumplir tus sueños y tu misión, pero no construyas lazos con la tierra, cuando mueras nada de lo que posees podrás llevarte, tu cuerpo y todo lo material son de la tierra y en ella permanecerá.

Si tienes apegos con lo que ya no podrás tener tu espíritu se fragmentará, puedes convertirte en un fantasma atrapado entre la vida y la muerte por algo que por la eternidad jamás tendrás.

No dañes tus encarnaciones acumulando tierra, nada puedes llevarte, lo que es de la tierra de la tierra es, otros disfrutarán lo que tu no.

Asómate y mira, el reloj del tiempo transita hacia atrás, tu tiempo en este mundo en cualquier instante puede concluir, ¿Piensa qué te falta por hacer?

¿Cuál es la tarea que te falta por concluir, cuál es el abrazo que has negado y te falta dar?

Recuerda cuando nos encontremos frente a frente en el juicio de vida, lo que dejaste de hacer será lo que más de duela, no lo que hiciste...

Tienes algo por hacer, vive, plenamente tu vida, has lo que debas, sin destruir tu tiempo.

Cuida tu vida, tu mente, tu cuerpo, cuida de ti y de quienes lleguen a tu vida, no hagas negocios con el

tiempo, ni empeñes tu futuro en sueños vacíos, hazlos realidad.

Aprende de la experiencia que te otorgan los fracasos, aprende de tus errores y equivocaciones, no te quedes atrapado en los momentos difíciles, ni presumas de superarlos, recuerda siempre que la vida es cambiante, todo va y viene, las tormentas aparecen sin avisar prepárate para aprender a entrar y salir de ellas.

Cuando alguien muera, no te destruyas por los que se van, ahora que comprendes la migración de las almas, déjalos partir.

Por eso debes estar en paz con todos los que te rodean, nadie sabe su hora, ni dónde ni cuándo su alma debe partir, aprende a descubrir el valor de la vida en quienes contigo están, luego no podrás.

Llegará un día, un instante donde sentirás que tu mundo se cubre con una oscuridad que no imaginas, se congelarán tus sentidos, sentirás un profundo vacío en tu alma mezcla de dolor e impotencia.

Un día pasará, un mensaje, una llamada, en solo unos segundos te enfrentarás con la muerte de alguien cercano, alguien que jamás estará.

Verás su cuerpo marchito sin vida, podrás hablarle, gritarle, podrás hacer todo lo que desees, pero ese cuerpo inerte ya no te oirá.

Solo la oscuridad se apoderará de tu mente y tu corazón, sentirás pena, dolor y una profunda tristeza.

Pero puedes evitar todo eso si hoy lo comprendes, y al actuar de tal manera que, si alguien muere, puedes comprender que inicia un viaje a nuevas encarnaciones, otra aventura de la vida, fuiste lo mejor, diste lo mejor, y no quedó nada por hacer.

No debes rezarles a los muertos, ni imponerles tareas que no pueden cumplir, los muertos, muertos están, tú estás vivo.

Ellos no necesitan nada de ti, ni nada de lo que hagas puede alcanzarlos, de nada sirven misas, plegarias, réquiem, entierros o visitas al cementerio, son tierra que vuelve a la tierra, si quieres hacer algo, hazlo por

los que están vivos, a los muertos olvídalos, más por ti, ellos en el momento de su muerte, rompen todos los lazos con la vida.

Trata en lo posible de comprender en lugar de ser comprendido, y siempre, siempre procura estar en paz, contigo y con quienes te rodean. Pero, no permitas que por tus sentimientos se aprovechen de ti.

No tienes que ser un esclavo de otras vidas simplemente has lo que te nazca hacer.

DECISIONES

Tu vida y tu destino son el fruto de tus decisiones, recorres el sendero y eres tú en tu libertad quien lo hace.

Tú construyes el sendero de la existencia, en cada paso que des movido por una decisión, tu decisión.

La vida es el sendero de mil senderos, debes siempre pensar y actuar con cautela, estás entrelazado con todas las almas que comparten tu encarnación, de una o de otra manera los destinos se entrecruzan,

por eso debes permanecer atento cual sendero vas a caminar.

Esta dentro de ti mover los hilos de tu vida de acuerdo con tus deseos, tienes todo, y puedes obtener todo, das y recibes lo que verdaderamente deseas, nada ni nadie le impone límites a tu espíritu, solo tú lo puedes hacer.

O puedes ser creador de fantásticos universos si tomas decisiones con sabiduría, entrelazando una con otra, para eso debes pensar, meditar, analizar antes de actuar.

Tu pensamiento es el arquitecto que construye el sendero, en todo cuanto existe, en el amor, el éxito, el triunfo o el inevitable fracaso.

Lo que pase en tu vida y en tu futuro, es únicamente causa tuya, tú cuentas con la libertad de elegir, entre un destino y otro, si desafías la vida, te aventuras osadamente por senderos prohibidos, tendrás penurias.

Pero si estás vivo, puedes corregir tu sendero y con las mismas decisiones más la experiencia de lo vivido, levantarte sobre la adversidad, por más difícil que sea tu vivencia siempre podrás cambiarla mientras vivas y mientras eso decidas, nunca es tarde aún en el último segundo antes de tu muerte puedes alcanzar las metas de tu existencia.

En la soledad de tu mente, encuentra tu poder, no venzas ante la adversidad, es algo pasajero que te permite extraer el gran conocimiento que mora en tu interior.

Te enfrentarás con los momentos difíciles, obstáculos, barreras, criticas, desaires, traiciones, decepciones, una y otra vez te encontraras con la oscuridad de tu alma.

A lo largo de tu vida, conocerás de diferentes dolores y sinsabores, caminarás por el valle de los huesos y las espinas que taladraran tu corazón, llevando tu consciencia a la sinrazón bordeando la locura.

Te sentirás desesperado, triste y abrumado, me invocarás tantas veces como salida a tu sufrimiento, y en otras tantas, querrás morir.

Para eso debes prepararte, es necesario que transites por los senderos del fuego que templara tu espíritu, no te afanes, no tendrás lo que no puedas soportar.

Sin importar el disfraz de la vida, siempre será para extraer la fuerza de tu interior, de ti, y solo de ti y tu libertad dependerá como la uses.

Pero siempre podrás; mientras estés vivo, cambiar el rumbo de tu destino aún en el último segundo antes de tu muerte.

Todo lo que vivas, dependerá de las decisiones que tomes, solo de ti depende, piensa bien antes de actuar, busca mis aliados para que te guíen, has un pacto

de vida conmigo, si lo haces tomaré tu mano para guiarte.

Debes recordar que no es mi voz la que oirás, mis señales son sucesos que ocurren para guiarte, cuando algo no salga como esperas mira la señal de que te estás salvando... mi mano te mostrará en el tiempo de que te libraste.

Igual estaré cada día, no para que mueras, sino para que vivas plenamente.

¿Cuéntame el proceso de encarnación cómo se elige la misión, cómo se retorna a la vida? dónde se encarna, se puede volver a este mismo lugar, ¿con las mismas personas?

La vida que abandonaste es olvidada, no recordaras el cómo o en dónde viviste, nada de eso quedará en tu alma, pero trascenderá el conocimiento y la sabiduría, los gustos, los deseos, los anhelos, lo que te apasiona, eso marcará tu espíritu por la eternidad y eso que ha emergido de tu espíritu, lo llevarás a tus encarnaciones.

El tiempo en el espíritu no existe al igual que los espacios, puedes encarnar en el mismo lugar y en el mismo tiempo en donde acabas de morir, nada lo impide.

Puedes encarnar en cualquier tiempo en cualquier espacio, como tu mente está vacía de recuerdos te adaptaras con esa realidad, en la medida que pasa el tiempo tu conocimiento interior y tu poder irán fluyendo.

Las almas flotan en espera de un cuerpo, es la parte más traumática al encarnar, el alma se siente atraída a un cuerpo vacío y en él encarna, no ingresa las almas durante la gestación, no pueden existir dos almas en el mismo cuerpo.

Cuando un ser nace, al final de un tiempo el alma encarna.

Es cuando los destinos se abren, y es aquí donde la responsabilidad de los hijos es lo más importante.

Durante la infancia, padres que estimulan, apoyan, educan y permiten que el conocimiento interior fluya, permitirá que el espíritu avance.

Pero si son padres, limitantes, que imponen, castigan, reprimen, llegan a destruir una valiosa encarnación.

Un ser nace con increíbles capacidades, posee conocimientos de vidas, y ese conocimiento fluye en sus actos.

Su mente limpia está lista para conocer y comprender el mundo en el que encarna, puede en su infancia aprender muchos idiomas, desarrollar grandes habilidades innatas que llegan con su espíritu como herramientas.

Pero, si en el cuerpo que encarna está en un entorno difícil y hostil, le será muy difícil lograr su misión.

Millones de niñas y niñas son ultrajados, abandonados, sometidos, limitados, abusados, por padres irresponsables y miserables que les imponen dogmas, credos, limitaciones, castigos y desgracias, destruyendo no solo un tierno cuerpo, sino la profunda oportunidad que tiene un espíritu al encarnar de aportar su conocimiento.

En el juicio de la muerte, cuando enfrento a aquellos que destruyeron vidas y almas en los inocentes, pagan un precio en el más allá donde revivirán por eternidades sus actos.

Tendrán que ver una y otra vez lo que ese ser hubiese realizado, lo que hubiese aportado, pero, se les impidió vivir.

Quien engendra la vida, construye un templo donde un alma habitara, se debe conocer la responsabilidad que es un hijo.

Pero no solo por un cuerpo, sino el desarrollo de las almas, nadie nace malo, perverso o destructor, si no se canaliza el conocimiento que se trae de otras vidas, el alma se rebela, se confunde, se altera y pierde el rumbo.

Es cuando la mente se transforma, la rebeldía da paso a la violencia, el alma lucha en la oscuridad por encontrar el sendero, pero muchos nunca lo logran a pesar de desearlo.

Un ser educado en la limitación, el ultraje, la violencia, solo dará ultrajes y violencia, un ser motivado, apoyado, descubre sus habilidades y si estas son canalizadas desde la infancia tendrá grandes logros.

No hay almas destructivas, existen almas enérgicas, con mucha fuerza, que pueden construir o destruir, depende de los guías en la infancia.

Aún con esto, cada alma posee la libertad para cambiar y transformar su destino, solo en el umbral del más allá se comprende como esa libertad hace que se pierdan muchas encarnaciones, cuando se pierde el sentido de la vida en banalidades o se pierde el sentido de ser.

Si el mundo comprendiera el verdadero valor de la muerte, valoraría al máximo la vida, pero he allí el

secreto, debes ignorar lo que ocurre para que seas libre plenamente.

No hay retorno de los muertos, la vida no termina con la muerte, nada muere realmente solo se transforma y las almas son eternas.

¿Cómo se puede ayudar a esas almas para que logren su misión en este mundo?

Cuando un alma encarna, da señales de lo que trae con ella, debes aprender a sentir con tu alma, observar, estar atento, lentamente comprenderás que ese ser posee habilidades, gustos, se sentirá atraído más a unas cosas e ignorará otras.

Al estar su mente vacía, llénala de conocimiento, enséñale el mundo, pero permite que elija lo que le atrae de él, no le niegues ni le impidas, no canalices su mente a tus deseos, déjalo actuar.

Educalo sin controlarlo, dale elementos naturales con los que pueda actuar, se paciente, cuando comprendas sus deseos y sus innatas habilidades motivalo, guialo, pronto te darás cuenta del poder que tiene.

Recuerda que las almas al encarnar no conocen leyes ni reglas para vivir, eso debes enseñarle, disciplina y constancia, permítele que descubra soluciones, déjalo crecer independiente pero que sienta tu amor y tu guía.

Suple sus necesidades, recuerda que tú eres responsable de esa alma y esa vida, cuando un hijo nace, nace una oportunidad para una encarnación, no mires solo el cuerpo material sino la esencia que posee.

Déjalo crecer a su ritmo, pero no olvides alimentar su mente, apoyalo en sus decisiones, es la semilla que emerge desde otras vidas, quizá por eso puedes ver en el mundo, cuantas almas se pierden, al no tener la oportunidad de liberar lo que consigo traen.

Puedes ver, a personas amargadas, fracasadas, infelices, llenas de un gran vacío y dolor, seres inertes que viven sin vivir, viendo pasar los días, meses y años, sin lograr nada.

Seres sufrientes donde los sueños ya no habitan, vivieron las vidas y deseos de otros, les impusieron

límites, conocimientos que no deseaban, cerraron sus destinos al sometimiento.

Cuando mueran y tengan el juicio, comprenderán que esa encarnación fue perdida.

Igual puedes contemplar como otros crecen, logran metas, desarrollan sus capacidades a cortas edades, viven vidas diferentes aportando a las demás almas, sabiduría y avance, así cumplen su misión.

La vida es un laberinto de muchas opciones y grandes responsabilidades, un alma no encarna si no existe un cuerpo, y quienes engendran los cuerpos lamentablemente ignoran las almas.

Quizá ahora que lo comprendes puedas apreciar la mágica experiencia de dar la vida, la responsabilidad de educar un alma para que cumpla su misión.

Igual, cada uno, luego de su muerte tendrá que enfrentar su juicio y allí sabrá cuánto daño causo, o cuanto apoyó a sus hijos.

Todos son responsables de las almas de todos, no están en el mismo tiempo por casualidad, sino por la causa que los une en ese descubrimiento.

Si miras bien, te darás cuenta; la humanidad va a un ritmo donde todos aportan, todas las almas que nacen en un determinado momento son compatibles con ese momento.

Aportan conocimientos que mejoran lo existente, el avance se multiplica, nacen almas dotadas que desde la infancia poseen habilidades para el desarrollo de lo que existe.

Cada generación que ha existido posee similares cualidades, en las diferentes épocas nacen las almas que deben estar ahí, en ese lugar en ese instante, vibran en la misma escala, y cada alma que encarna su misión es complementar las demás, avanzar en el conocimiento.

Pero... El abandono, un grito, un golpe, una negación, un castigo, un despreció, un insulto que minimiza la dignidad, y todo para esa alma será difícil muy difícil.

Lamentablemente en el mundo, esto le sucede a la gran mayoría, los viejos conocimientos del avance de las almas se perdieron, ahora quizá se comprenda el valor de una vida.

Algunos al ser libres desde pequeños logran mayores avances que quienes viven sometidos.

Debes permitirles y estimularlos a partir de jóvenes, emanciparlos, educarlos para que sean independientes, en esa libertad logran extraer su conocimiento, el alma fluirá ante la necesidad y el aparente sufrimiento.

Tendrá la libertad para construir el destino que desea, navegará a través de los tiempos y comprenderá la línea que divide la felicidad de la infelicidad.

- Descubrirá el amor y el dolor
- Descubrirá el triunfo y el fracaso
- Sentir el miedo que le dará la valentía
- Conocer los confines de la libertad
- Aprenderá de sus errores
- Aprenderá de sus aciertos
- Descubrirá las almas de los otros

 Creará universos donde construir su mundo

 Engendrará cuerpos que aniden nuevas almas

Pero siempre debes estar ahí para apoyarlos, nunca para ser salvador de sus equivocaciones.

Nunca podrás sanar el corazón herido, pero puedes dar un abrazo que reconforta.

Tener hijos es abrir las puertas del mundo espiritual para que las almas encarnen.

Educalos, enséñales y preparalos para que sean independientes, y no para que sean sumisos, acompañantes y esclavos.

Igual, siempre debes estar preparado desde que nacen, para dejarlos partir, siempre debes estar preparado para las despedidas, no importa la forma como sobrevengan, un hijo que se va, un amor que termina, la muerte de alguien.

Son mis disfraces, muchas cosas mueren durante la vida, no solo la carne, debes estar siempre preparado, para las mutaciones, los cambios que llegan sin avisar y esa tarea, debes enseñarla a tus hijos.

¿Cómo manejar los sentimientos para evitar sufrir?

No puedes evitar sufrir, pero puedes comprender el sufrimiento, si reconoces en él la experiencia que debes aprender.

Cuando sufres, tu mente se nubla y el dolor te embarga, eso descubre tu sensibilidad, tus sentimientos son los que te hacen ser, vivir, compartir, avanzar o decaer.

Pero tus sentimientos son tus peores enemigos, anidas en tu alma los que te producen dolor, agonía y sufrimiento, ese sentir puede trascender contigo a otras encarnaciones, y puede que algunos vengan contigo de las pasadas.

Los sentimientos obscuros dañarán tu destino si permites que en él se aniden.

La venganza, el odio, el rencor, el desprecio, la envidia, la traición, todo lo que corroe tu alma, lentamente destruye tu vida y la de los demás.

Debes lidiar con los eventos que dan lugar a ese sentir, aprender a comprender lo que sientes y actuar.

Los sentimientos dañan tu alma cuando aceptas, callas, te doblegas y te sometes, están vivos, mientras en tu mente este vivo el acto que los causo.

Por eso debes estar siempre en armonía contigo mismo, aléjate del mal o perecerás en él.
Evita las personas negativas que alteran tu vida, si bien son parte de tu experiencia y aprendes de ellas, debes saber cuando ignorarlas, pero que esto no te ciegue para descubrir la bondad que existe en cada alma.

Crea tu mundo, crea tu destino, es lo único que realmente posees, se reservado, prudente, usa la astucia de instinto para navegar entre los destinos que se unirán al tuyo, busca el misterio tu refugio, allí pondrás a prueba la tenacidad de tu espíritu.

Vive intensamente tu vida, sin mirar el mundo que te rodea ni los destinos de los demás, siempre encontrarás en el transitar de tus pasos, otras almas, otros destinos, algunos mejores o peores que el tuyo,

pero que esto te sirva para modificar tu vida, o para motivarte a mejorar.

No presumas de tus éxitos ni de tus aciertos, no hagas festividades de tus inicios, se cauto, atraerás envidias y discordias, puedes ver cuerpos, pero ignoras intereses y tentaciones.

El engaño permanece en las almas cuyos destinos se han equivocado, te atormentarán, tratando de poseer la tuya.

Siempre vive tu vida en el equilibrio entre tu mente y tu espíritu, recuerda que todos tus actos por simples que sean, los volverás a ver en tu juicio, siempre piensa bien lo que vas a hacer, evalúa, analiza, no te dejes llevar por motivaciones pasajeras o intereses momentáneos, exígete por alcanzar tus logros, sin que quedes en deuda con otros. Si así lo haces esos otros serán tus verdugos.

Cada día, aprende de tus vivencias, conoce el bien y el mal, descubre las intenciones ocultas en quienes te rodean, aprende de ellas, no solo te protegerás al conocerlas, si no evitaras cometerlas.

Lucha por tu vida, es el bien más preciado que tienes, evita al máximo la guerra, el conflicto, el riego, no oses tentarme en actos aventurados, si fracasas morirás.

Posees una mente llena de un espíritu de poder, podrás sortear todas las adversidades de tu existencia si sabes actuar, pero... llegaran momentos donde deberás luchar por tu vida, y deberás hacerlo, de mil formas diferentes serás probado uno y otra vez, prepárate siempre para lidiar con esos momentos.

Confía en tu instinto, tu cuerpo posee la habilidad de percibir los peligros que acechan agazapados en la oscuridad de lo desconocido, tanto en las almas como en los cuerpos y aún en los lugares.

Ante los Sinos inevitables, prepárate, no poseas nada para no ser poseído por nada, nunca podrás tener más que nada.

Algún día tendrás que dejarlo todo, pero también existe en tu vida el momento en que puedes perderlo todo, pero... Si sabes vivir y estás vivo, puedes empezar de nuevo, siempre puedes empezar.

Ten lo que deseas que te ayude a cumplir tu misión y ser feliz, nada ni nadie te lo impide, pero no acumules lo que tendrás que abandonar.

Disfruta de tus días, noches, disfruta de tus placeres, son parte de tu vida, goza de tu libertad, cuida que tu libertad no dañe ningún alma, y si eso evitas, no reprimas tus deseos y caprichos, pero hazlo con discreción o despertaras las envidias que traerán consigo tu destrucción.

En la medida del tiempo, abandona tu ayer, supera tus metas y olvídalas, reconoce el ciclo de los cambios, en cuanto mayor experiencia adquieras, deja atrás tus fantasías pasajeras, y cuanto más conocimiento tengas y comprendas el verdadero sentido de la vida, más profunda y espiritual será tu existencia.

La adversidad estará presente desde que naces, aprende a conocerla, fortalece tu mente y tu cuerpo, no sabes con que disfraz aparezca, ni de donde sobrevenga, pero cuando haga su aparición siempre piensa que lección debes aprender.

No luches contra la adversidad, caerás en sufrimientos inútiles, siempre perderás ante ella, pero si eres fuerte interiormente y comprendes las señales del universo, camina de la mano con la adversidad, déjala pasar, permite que el tiempo dance en tu mente mientras retornas a la armonía.

Cuando la adversidad ve que no te desesperas ni te alteras, ni maldices, ni luchas tratando de evitarla cuando ya se ha hecho presente, cuando ya nada puedes hacer, la adversidad te respetara evitando acercarse.

Todo con lo que has venido a este mundo posee una razón, para que puedas cumplir una misión, no es un castigo si padeces de una limitación, pero puede ser algo de tus otras encarnaciones.

Y son, parte importante de tu misión, bien para enseñar, bien para aprender, bien para descubrir un beneficio para todas las almas, mira bien que aportan tus limitaciones que realmente no lo son, si lo haces con cuidado sin autolastimarte, sin maldecir, si reprocharle a la vida, te darás cuenta; que esas limitaciones son tu virtud más profunda, nadie puede

conocer los designios de las misiones de las almas,
pero todas aportan a todas.

¿Has visto, al niño que nace mutilado?
¿Cuánto enseña? ¿Cuántos se beneficiarán de su
presencia en este mundo?

En algún lugar otra alma encarnada, lo necesita así
mutilado, para desarrollar con él prótesis que salvaran
muchas vidas de aquellos que quedan mutilados en
accidentes.

Los laberintos del destino creado por las Moiras mis
hermanas, son insondables, depende de tu libertad
como mires tus debilidades que pueden ser tus
fortalezas.

RIQUEZA Y POBREZA

Todas las cosas materiales, son tierra y de la tierra
son, puedes mientras vivas poseer toda la tierra que
quieras en todas sus posibles formas, pero, evita que
la tierra te posea con sus tesoros, cuando mueras
y debes dejarlo todo, tus posesiones terrenales
fragmentaran tu espíritu.

La riqueza es el fruto de tu esfuerzo, la forma como te premias al alcanzar tus logros, pero no es sinónimo de cumplir tu misión ni requisito para hacerlo, es tu libertad de tener tierra mientras vivas, pero la riqueza de tu alma y de tu mente, es más valiosa que todos los tesoros de todos los universos.

La riqueza te aporta beneficios, te engrandece, si la usas con sabiduría hará que otros cumplan su misión, es una cadena de eslabones de crecimiento, si la usas con soberbia será tu destrucción.

Para alcanzar la riqueza, debes exigirte eso hace que extraigas más conocimiento de tu espíritu, y ese conocimiento te ayuda a avanzar en las nuevas encarnaciones.

Debes ser prudente, las riquezas al igual que aportan beneficios, dicha y felicidad, también atraen las más grandes desgracias, incluyendo tu muerte prematura.

Debes usar tus riquezas si las tienes, con sabiduría, recuerda que nada de este mundo podrás llevarte. Evita dejar guerras y destrucción después de tu partida.

Si eres pobre, y ese es tu deseo, puede que tu vivencia sea precaria pero no tendrás grandes apegos, en sí, no es mucho lo que necesitas realmente para vivir, pero, una pobreza extrema puede mostrar un vacío del espíritu para luchar, ningún alma está condenada a sufrir penurias en una encarnación.

Algunos justifican su miseria como humildad o mistificación, en si es su incapacidad para luchar, se acostumbran el mundo del facilismo o en la espera de limosnas, son limosneros del alma, en su libertad se convierten en parásitos, son vidas vacías... Tu presencia en la tierra es para enaltecer el valor del fuerte espíritu que llevas dentro, pero tu mente y tu libertad, pueden mancillarlo.

Otros te sugerirán que seas infeliz, miserable y desgraciado, que entregues el fruto de trabajo, con eso luego de tu muerte ganarás un cielo.

No hay cielo ni infierno ni castigo por ser rico o pobre, eso es tu libertad, pero rico o pobre puedes cumplir tu misión, estás vivo, tienes un espíritu poderoso, todo dependerá que quieras darle de tierra a tu carne, cómo quieras vivir y cómo vivas será tu decisión.

En tu juicio, verás que dejaste de hacer pudiendo hacerlo por ti, y por los demás.

Como pobre, probablemente en un mundo terrenal de filosofías materiales, tendrás que prescindir de muchas cosas, algo que debes pensar con cuidado, enfermedades, penurias, dificultades, desprecios, tendrás una lucha más ardua para sobrevivir, quizá tu sufrir diario que al inicio sea lo motivador para que tu espíritu libere su poder, con el tiempo terminará siendo lo que lo anule.

No puedes descubrir el poder de tu interior si tu carne tiene hambre, enfermedad, miseria, tu tiempo se convierte en una agonía que no es vida.

Recuerda; la pobreza no es solo la ausencia de riquezas, sino también la ausencia de la fuerza por el progreso, el avance, el desarrollo no solo de tu alma, sino de todas.

Mira el mundo, yo como la muerte, veo con tristeza como se pierden vidas, por falta de empeño, niñas y niños abusados, abandonados en miseria hijos de padres conformistas, con mentes empobrecidas y espíritus muertos.

Pero sin embargo he visto a muchas almas emerger de la dificultad, almas que dejan grandes obras para quienes se quedan y para quienes encarnarán.

Al tener riquezas; puedes gozar de los bienes terrenales, que, dependiendo como uses tu riqueza será tu iluminación o tu oscuridad, las Moiras en su sabiduría permiten que las almas puedan poseer, y solo miran el ojo mágico que lo sabe todo, que haces con tu riqueza, quizá la existencia de los pobres es la prueba para las almas de los ricos.

El rico posee, queda atrapado con sus riquezas, pero, puede al igual que la naturaleza utilizar esa riqueza

junto con su sabiduría, para hacer que todos alcancen su bienestar.

No es dar riqueza al desvalido, eso es un error, es crear la rueda de la vida, invertir en conocimiento, apoyar en educación, estimular vidas, construir senderos para que otros los transiten.

Un rico que usa su riqueza en beneficio suyo y de todos, posee la mayor grandeza, hay tanto por hacer, y pocos lo hacen.

Por eso la condena de lo que dejas de hacer pudiendo haberlo hecho.

Abre escuelas, crea empresas y entrégalas a otros, recicla tu dinero, el rico que invierte para que otros inicien gana más que dinero.

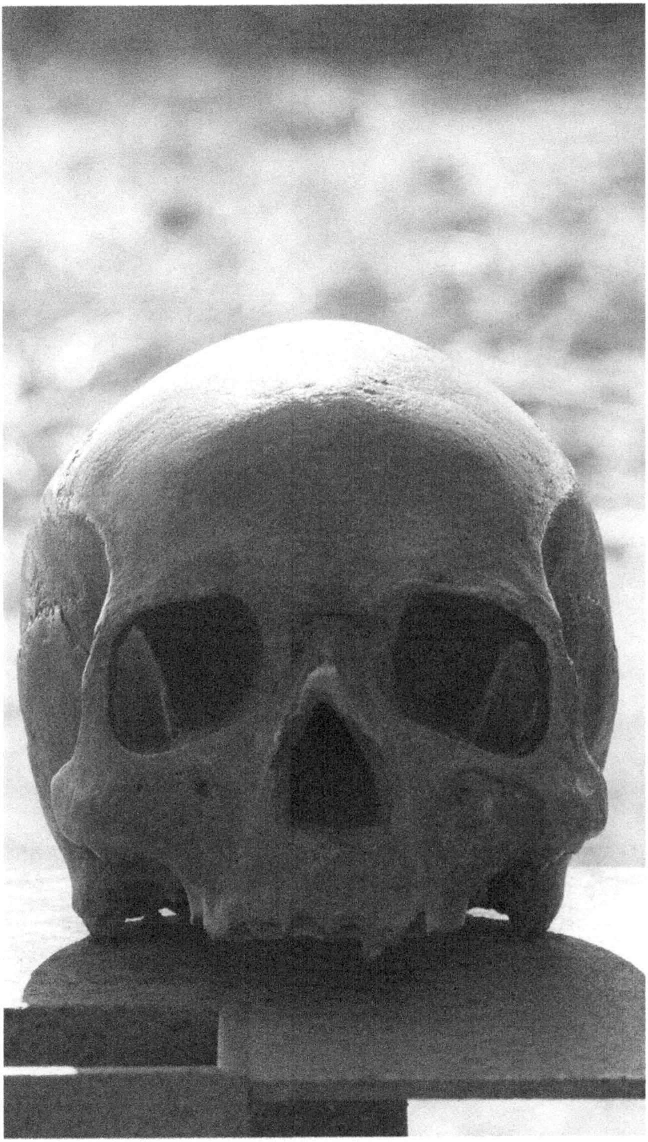

EL CICLO DE LA MUERTE

Mientras vivas, vivirás el ciclo de la muerte constantemente, está ahí, en la naturaleza para enseñarte el sendero de la vida.

Si contemplas, aprendes, asocias a tu vida, lo puedes aplicar a toda tu existencia, te ayudara a cumplir tu misión, está ahí para ti como un libro abierto, solo es que observes una página cada día.

Todo vive, y todo muere, un poco a la vez, en un ciclo interminable de existencia, donde lentamente la transformación crea las obras de la existencia.

PRIMAVERA DE LA MUERTE

Es la muerte el cincel que da forma a la gran obra de la vida, va tallando desde las más bellas auroras cuando el día vive, hasta los más hermosos atardeceres cuando el día muere.

Has visto como la primavera abre el vientre de la vida, creando por cada rincón hermosos paisajes coloridos.

La vida se inunda de las fragancias de la vida, todo es vida, se renueva la existencia, un momento pletórico donde danza la armonía, las Moiras que rigen la naturaleza te enseñan que existe una temporada de regocijo y bienestar.

Que todo se renueva para volver a comenzar, que, a pesar de los momentos difíciles, donde la adversidad te atrapa, cuando los negros nubarrones de las tormentas de tu alma te hacen dudar de la vida, recuerda que vendrán nuevas primaveras, siempre vendrán.

Es el recordatorio, que todo pasa, todo cambia, todas las tormentas pasan, te recuerda el valor inapreciable de estar vivo. Por más que sufras y consideres tu vida un desastre, siempre existe en algún lugar de tu destino otra primavera.

VERANO DE LA MUERTE

En bien algo nace, al mismo instante comienza a morir, el sabio engaño de la naturaleza que te lleva al extremo más alto del bienestar y la felicidad.

Los veranos intensos llenos de luz, vida, alegría, donde la vida confía en la vida, se complace en su arrullo, sin ver el presagio de la muerte.

Los veranos intermitentes vestidos de gala y suntuosidad, son los verdugos de tu alma, te probaran

hasta el máximo, te elevaran para dejarte caer, te sacudirán en lo más profundo de tu ser.

El verano suave del inicio se convertirá en el verdugo que probará tu vida, te llevará a tus límites y más allá.

Sentirás el calcinante calor de la duda, los celos, la traición, el miedo, la impotencia y el temor de mi presencia.

Sentirás que estruja tu alma una y otra vez, te amputara mentalmente, te cegará con su luz, te sumergirá en las ardientes arenas de la desesperación sin que puedas tener un bálsamo no hay una gota que calme tu sed.

Serán días difíciles, que probarán tu temple, vivirás muchos veranos en tu vida donde la felicidad se torna en dolor y tragedia.

Estaré ahí en tus veranos, con mis hermanas tu destino será probado, tu libertad tu fuerza interior, tu sabiduría, tu tenzón y empeño por vivir, serán sometidos al fuerte examen, una y otra vez, hasta que aprendas a superar tus veranos.

Cuando has sucumbido, y sientes que todas las fuerzas te abandonan, el verano cede su impetuosidad... No es un respiro, es el tiempo para que veas tus heridas, y comprendas que tienes el poder de sanar y superar.

Ahora todo de tu vida, tu sentir, tu amor, tu riqueza o pobreza, tus ilusiones, tus sueños, en un momento

todo lo que suponías tu dicha y felicidad, ahora son solo cenizas.

OTOÑO DE LA MUERTE

Los días nostálgicos del otoño donde las cenizas y las hojas muertas son llevadas a la sepultura hacen su aparición.

Las brisas llegan junto con el llanto de la vida, son el bálsamo que alivia el adolorido corazón. Llega el otoño, te sentirás débil sin ilusiones, sin sueños, vacío, triste y nostálgico miras los días pasar, encerrado en tus pesares, mirando el calendario que ya pasó y con él murieron muchas ilusiones.

Sufres, y tu dolor tiende a desear la muerte, me invocaras muchas veces en tu vida, más de las que

imaginas, desearas profundamente morir para escapar de los tormentos de tu verano.

Sentirás en lo profundo de tu ser que ya no puedes soportar la agonía y el dolor, no importa el disfraz con que aparezca, una separación, una muerte, una pérdida económica, una traición, una decepción, una enfermedad, las Moiras pueden usar tantos disfraces que tu imaginación no puede imaginar.

Pero... Ya pasó, ahora viene el momento de la aceptación, el duelo, la soledad, al igual que los árboles que van perdiendo sus hojas, así tu alma se libera, comienzas a aceptar, lentamente te levantas.

Lentamente llegarán las nuevas semillas, que sembraran en tu espíritu la renovación de nuevas ilusiones, los sueños fallidos desaparecen, permitiendo que nuevos se gesten en tu alma.

Sin darte cuenta el poder de la vida después de la muerte te hará renovar la lucha por existir, despertando sin darte cuenta la fuerza de tu alma.

Las semillas serán sembradas sin que lo sepas, estás concentrado en tu duelo, en preguntarte millones

de veces ¿Por qué? Te culparas otras tantas, no encontraras respuestas e ignorarás el secreto del ¿Para qué? En tu futuro probablemente des gracias cuando conozcas las razones y de lo que te liberaste y aun de lo que te salvaste.

El otoño de tu vida, te limpia, se lleva los despojos, dejando en tu alma una gran sabiduría, has adquirido y liberado de ti, un ilimitado conocimiento, dependiendo de tu libertad vives o mueres en vida atrapado en tu dolor.

INVIERNO DE LA MUERTE

Los inviernos llegan sin avisar, cuando has acariciado la soledad y tu alma ya no llora, te congelaste, no deseas nada, no quieres nada, sientes miedo de seguir, has entrado en la desolación del alma.

Nada te llena, nada te aporta, ignoras que superaste tu dolor y dentro de ti germinan nuevas ilusiones y esperanzas para el mañana.

El frío de las ausencias te consumen, el peso de la adversidad se hace más liviano, de alguna manera,

ya comprendes, sigues a pesar de tu dolor, te sobrepones lentamente, muy lentamente...

En la medida de tu sufrimiento donde el concepto de justo o injusto es un tormento, no ves ni puedes verlo, que la mutación solo ha cambiado tu destino.

Algo ha muerto, pero al mismo tiempo algo nace, solo que eso no lo podrás ver por ahora pero ya se anidó en ti, está en ti la semilla que dará un nuevo fruto, al paso de unos días cuando tu soledad sea más intensa, cuando consideres que todo se ha perdido, cuando sientas el abandono y no veas sino oscuridad.

Cuando la duda consuma tu alma, el dolor se haya acumulado y los amores se hayan desvanecido con el arcoíris, cuando sientas que todo ha muerto, volverás

a vivir... Tendrás el poder... La fuerza de la vida que se abre camino desde el más allá. Sentirás el poder en tu alma, descubrirás los nuevos soles, si realmente lo deseas, si me permites romper el hielo en poco tiempo... Morirá tu invierno el más frió invierno...

En un tiempo... En una hora sin días ni minutos, en cualquier lugar, en una esquina, en la soledad, en donde menos los esperes, germinará una diminuta flor, un suave rayo de sol, te dirá que tu primavera ha comenzado,

Yo la muerte, soy tu vida.

Cuando en el andar de tu vida, las estaciones aparecerán en ciclos, aprende a reconocer sus señales, solo lo logras cuando contemplas tu vida, cada día, cuando evalúas lo que hiciste y cuando descubres lo que dejaste de hacer.

No tengas miedo de mi presencia, hagamos un pacto de vida, donde mis sombras, junto con mis hermanas harán más llevadero el sendero de tu vida.

A través de los tiempos, desde el inicio, con las sombras hemos estado dispuestas a cuidar los destinos, mis hermanas las Moiras, al ser invocadas acudimos al llamado, son los seres que valoran la vida quienes buscan los pactos, aquellos que poseen el poder de actuar, quienes miran hacia lo lejos, viviendo cada día en intensidad, quienes así lo hacen son los elegidos.

Los pactos están entrelazados, tu vives plenamente y nosotras cuidamos tu existir, tu te exiges, y nosotras te abrimos los caminos, tú conviertes en realidad tus sueños, y nosotras borraremos cada obstáculo que se presente.

Tu vida, es tan valiosa, que no alcanzas a imaginar, si tú haces una parte nosotras haremos el resto, pero... Debes demostrar tu poder, tu fuerza, tu grandeza, las dificultades y la adversidad que llegue a tu vida, solo te hacen mejor, te entrenan, te convierten en la fuerza viva de la creación.

Algo que debes hacer mientras vivas, es ¡vivir! Exígete por ser feliz, permítenos allanar el sendero de tu vida, pero... Es tu libertad, si ves la muerte como el fin, y no vives, cuando mueras te darás cuenta; que soy la vida.

Lamentarás lo que dejaste de hacer, si me das tu mano, mis hermanas y yo, te daremos las nuestras y así, cuando mueras comprenderás los secretos de la vida en tus futuras encarnaciones.

No existe esta única vida, son un infinito de encarnaciones, si vives a plenitud, si desperdicias esta vida, vivirás eternidades en la oscuridad, solo de ti depende. Nuestro pacto, es de vida, a condición de que valores cada segundo de la tuya.

No todos pueden vivir este encuentro y seguir en el mundo de las oportunidades, desde ahora y mientras vivas, propaga en el mundo el valor de la vida, has entrado y salido de mis dominios, muestra y enseña, cómo las vidas son mejores cuando se comprende la muerte.

Está en ti la libertad de abrir los nuevos senderos del destino, donde mis hermanas y yo, estaremos prestas a quien busque nuestra guía, un pacto, con nosotras, trascenderá en las eternidades.

No impongas ni obligues, solo muestra el sendero, quien escuche el llamado y nos invoque, allí

estaremos, mis tres hermanas y yo abogaremos por tu destino, allanaremos el camino, pero... Es tu libertad, siembra la semilla, haz lo que debes hacer y no dejes de hacerlo.

¿Cómo vive y cómo le gustaría vivir?

La vida está enmarcada en el destino, y este, depende de sus decisiones, pero, existe el poder misterioso y mágico, no solo de la muerte, sino de las energías que cuidan y protegen los destinos.

La muerte y las Moiras propietarias de la suerte, son energías, actúan si usted las invoca.

En el tránsito de la vida, se viven momentos difíciles, tristes, alegres, lo ideal es tener una vida con los menos tropiezos posibles. Es cuando la magia y la suerte aparecen, permitiendo que los destinos sean plenos, tener suerte y actuar, es sin duda el sendero que conduce a la felicidad.

En los textos antiguos sobre la muerte, la cual algún día llegará, trascriben la manera de unificarse con esa entidad misteriosa.

185

De hecho, quienes han realizado estos pactos, logran que en sus vidas fluyan, la suerte, la felicidad, el bienestar y el éxito.

¿Por qué un pacto da resultado?

Existe el subconsciente colectivo, igual que las energías psíquicas colectivas; una representación de la naturaleza; tomemos como ejemplo: el árbol del mango, el cual da una semilla, esta se siembra y da más frutos o mangos, los cuales se multiplicarán a través del tiempo, formando un mango colectivo que nace de una sola semilla.

La suerte es similar, grupos de personas con buena, grupos de personas con mala suerte, familias que sufren por generaciones maldiciones, y familias que tiene por generaciones bendiciones. Como vemos, es un evento de energías colectivas que nacen de una semilla o de una sola persona que infesta las demás.

La suerte y el éxito, es igual, las energías irradiadas se multiplican, se puede apreciar en las diferentes zonas deprimidas de las grandes ciudades, o en las zonas de prosperidad.

Es igual que las termitas, una sola genera tantas que destruyen una casa, o una semilla de mostaza, una sola genera millones. El pacto con la muerte es una semilla que actúa en la energía de quien lo hace y lo comparte, la gratitud que se retorna es la Suerte que se irradia.

Es igual que cuando se conoce a alguien, que le cambia la vida, llevándole de la oscuridad a la luz, en poco tiempo se aprecia la presencia de la suerte y la felicidad.

Ahora bien, este pacto, consiste en sembrar una semilla, y recibir la energía de la muerte, que, como vimos es la vida. La muerte ha sido temida, maldecida, condenada, pero jamás destruida, al hacer un pacto con la muerte se hace un pacto de vida, esto abre las puertas para que la fortuna, la suerte, el bienestar lleguen a la vida. Son cuatro hermanas, La Muerte, y las tres Moiras dueñas del destino...

Lo que más desean ellas, es que usted viva, **¡PERO VIVA BIEN!** Nadie nace para ser desdichado.

Este pacto consiste en sembrar una semilla en tres personas diferentes, a cada una se le entregará un libro igual a este, con la intención de una de las tres Moiras.

A su vez, quien lo recibe, hará algo igual, y así sucesivamente, la energía de quienes realizan el pacto va acumulando poder, quienes están dentro de ese "poder" comienzan a ver como sus vidas se transforman de manera sorprendente.

Es igual que si usted compra acciones de una gran empresa que progresa, todos progresan, usted está haciendo lo mismo en la empresa de la vida. Así, se produce una energía de poder colectivo, es su libertad, igual cuando muera, lo que prevalecerá es "**Lo que dejo de hacer, cuando tuvo la oportunidad y no lo hizo**" ...

Sin duda en la magia, existe un infinito de rituales, amuletos, talismanes, pociones de uso individual, pero, muy pocos pactos colectivos como este.

Este libro ha llegado a sus manos, por alguna razón, la estampa mágica que lo acompaña es un amuleto de poder, el cual debe activar al hacer el pacto con la

muerte, la llave que cambia destinos, y abre las puertas a una mejor vida.

No ocurrirá si usted no actúa, igual no se activará sino ejecuta el pacto, por favor evite hacer peticiones si no lo hace, recuerde que es su intención la que mueve las energías.

Usted recibe un libro y entrega tres, al hacerlo inicia la secuencia mágica colectiva de eventos, atrayendo la suerte y la fortuna. La energía generada, se multiplica entre todos, y para todos, esto a su vez crea un campo psíquico de protección, lentamente, si actúa en su vida y pone en práctica lo que ha leído, percibirá como su vida adquiere otra vibración diferente.

La libertad es suya...

PACTO CON LA MUERTE

Realmente es un pacto con la vida, las Moiras rigen tu destino y tu suerte, antes de estas generaciones, en las primeras culturas, las almas conocían los secretos de la muerte.

Te propongo ser sembrador de vida, a cambio te ofrezco un pacto, tú promueves la vida, y mis hermanas y yo, protegeremos la tuya y tendrás una vida plena, sin obstáculos, descubrirás los seres que cuidan tu destino, verás la suerte fluir, la fortuna llegará para que tengas vida, y, cuando llegue el momento de tu muerte, verás la vida y lo que dejaste en ella, ahora ya comprendes que debes hacer para tus futuras encarnaciones.

Todas las almas están entrelazadas, tanto las que queden después que partas como las que encarnen en el futuro.

Nadie fuera de nosotras conocemos los hilos del destino y la suerte, quieres una vida plena, sin

tropiezos, donde reine la dicha. Al hacer el pacto, el día de tu partida, ya me habrás conocido, tu próxima encarnación estará llena de las energías de gratitud de quien haya valorado la vida ...

Propagar la devoción de la muerte a la cual te enfrentarás, es hacer una alianza de vida. Si usted no está dispuesto a realizar una ofrenda en beneficio suyo y de otros, si usted no puede darle el verdadero sentido a su existencia y exigirse para ser mejor, no intente realizar este pacto, igual el día de su juicio comprenderá que lo más importante es lo que dejo de hacer cuando pudo hacerlo.

Si este documento de alguna manera tocó su alma, ejecute el pacto, de lo contrario devuelva este escrito a la vida, déjelo abandonado en cualquier lugar, otra alma quizá lo aprecie.

No se lleva nada más de este mundo, que el conocimiento extraído y la huella dejada, este pacto es dejar una huella que perdurará en el tiempo de las almas, hemos olvidado el verdadero sentido de la muerte, buscamos vivir, sin tantas barreras y obstáculos, pero, nos aferramos a lo terrenal, la muerte es inevitable, algún día sobrevendrá, y tal como quedó en la cultura griega y egipcia, los símbolos sagrados son, un pacto con la muerte, es el pacto de la vida.

Por este pacto debes pagar, esa es una ley universal, algo por algo. ¿Qué estarías dispuesto a dar?

Quieres un pacto con la muerte te propongo, escoge uno:

☠ MUERTE POR MUERTE: Si haces el pacto de muerte por muerte, una vida a cambio de otra, tu primogénito, y los primogénitos descendientes, pero no te diré cuando tomaré ese pago, un año, o muchos.

☠ VIDA POR VIDA: Te doy la vida, pero debes dar la vida, asumirás para ti, las vidas de personas dolientes, te encargarás por el resto de tus días, de asumir sus responsabilidades.

☠ PAGO POR PAGO: Devolverás todo lo que recibas, y recibirás lo que des.

☠ UN SACRIFICIO: El sacrificio es renunciar a aquello que ames, cuando lo tengas lo perderás, sacrificarás tu amor.

☠ UNA OFRENDA: Entregar tres libros iguales a este, donde te dicto los secretos de la vida, contiene los tres poderes, los tres símbolos, las tres suertes, las tres magias sagradas, las tres vibraciones de la vida.

Cada libro que entregues, quien haga el pacto deberá firmarlo con su nombre y conservarlo para abrir el susurro de la muerte que te guiará en la adversidad, yo te entregado el secreto de la vida.

Quieres vivir plenamente, una ofrenda es una semilla del árbol eterno, si lo haces, y lees este libro tres veces, y si logras descubrir los arcanos que en él están, verás cómo tu vida se abre como una flor en primavera.

La triqueta sagrada son tres poderes, que conectan, pasado, presente y futuro, nacimiento, vida y muerte, felicidad, fortuna y suerte.

Los tres símbolos que abren y cierran las tres puertas de la vida. Al entregar los tres libros a tres personas diferentes, esto debes hacer...

Primero firma tu libro... Con tu nombre y si puedes, coloca una gota de tu sangre, este es el libro de tu pacto y el que conservarás.

Yo, hoy hago un pacto con la muerte, para que mientras viva, mi vida esté protegida y encuentre el sendero de la felicidad...

ESCRIBA AQUÍ SU NOMBRE

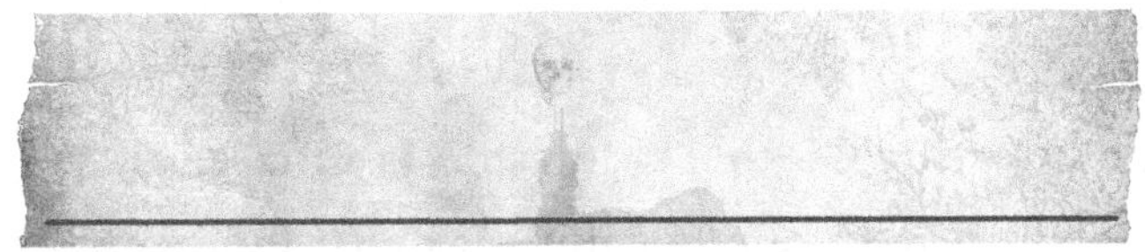

Segundo, ten presente lo que debes hacer, al invocar un pacto con la muerte, tres libros iguales a este debes entregar, a tres personas distintas así el poder se ha de multiplicar.

Cada uno representa una de las Moiras que controlan la suerte y el destino, las tres a tu destino han de ayudar y la muerte de penas te ha de librar. Te debo aclarar, que este libro no lo debes copiar, ni fotocopiar, ni tomar imágenes por ningún medio, si esto haces el pacto quedará al revés, en tu consciencia sabrás que actúas mal, así ningún bien a ti ha de llegar.

Cuando lo hagas debes en tu mente pronunciar, la oración de cada Moira al libro que vas a dar, así, por cada persona que descubre la vida, la gratitud a ti ha de regresar, verás como las Moiras y la Muerte, tu vida protegerán.

Primer libro: (Primera persona)
Entrega del primer hilo de las Moiras

A nombre de Cloto, la Moira de la vida, te entrego este libro, para que las puertas de tu vida se abran en el sendero de la suerte y la felicidad, que tus días, sean bendecidos y se renueve tu fuerza por existir.

Con el amor profundo de la existencia, siembro la vida en la vida en esta ofrenda, con los votos por tu felicidad.

Esta estampa con los símbolos sagrados, está en tus manos como señal de unidad, para que siempre nuestras almas se mantengan unidas así jamás llegará la adversidad, como hojas de un árbol, esta semilla hoy sembrada para siempre germinará

Segundo libro: (Segunda persona)
Entrega del segundo hilo de las Moiras

A nombre de Láquesis, esta ofrenda te doy, sé que la necesitas, y con amor para tu alma lo hago con devoción.

Necesitas de la suerte, para que tu destino sea diferente, donde reine el bienestar, te entrego la hermana de la muerte, que toda la suerte te ha de brindar, alejándote de los males, que en la vida pueden pasar, atrayendo amores que te den felicidad, si lees este libro, tres veces no dudes que tu vida ha de cambiar.

Esta estampa con los símbolos sagrados, está en tus manos como señal de unidad, para que siempre nuestras almas se mantengan unidas así jamás llegará la adversidad, como hojas de un árbol, esta semilla hoy sembrada para siempre germinará

Tercer libro: (Tercera persona)
Entrega del tercer hilo de las Moiras

A nombre de Átropos, esta ofrenda te doy, cumpliendo una promesa por un pacto con la vida, te la entrego con limpieza en mi corazón.

Sé que la necesitas para cambiar la tuya y encontrar el sendero donde encuentres la paz y la sanación.

Te entrego el deseo que, en tus días venideros, la suerte sea tu compañía, que se alejen de ti los malos días, encuentres en tu alma el poder para seguir el sendero y volver a vivir.

Esta estampa con los símbolos sagrados, está en tus manos como señal de unidad, para que siempre nuestras almas se mantengan unidas así jamás llegará la adversidad, como hojas de un árbol, esta semilla hoy sembrada para siempre germinará.

Al final esto harás...

He cumplido con la ofrenda, de ayudar, a muchas almas para su vida, cambiar, he propagado la devoción de la muerte a la que un día he de ver, cuando mis días terminen con ella estaré.

En su promesa, mi vida, viviré, y desde hoy otra vida volverá a renacer, dejo muerto el pasado para volver a empezar teniendo claros los preceptos de la vida valorar. Hago un pacto con la muerte, de vivir plenamente, superar la adversidad.

Llenarme de vida y en esta vida algo dejar, para las almas venideras que a través de los hijos van a encarnar. Soy parte de la vida, a la muerte no temeré, ya que su mano me guía, y vivir lograré.

Cuando llegue el fin de mis días, en mi juicio veré a cuantas almas les he dado vida, con este pacto sagrado que hoy he realizado y mi vida viviré.

Este pacto realizado no es de muerte ni de maldad, es de vida eterna por las encarnaciones será, se abren las puertas de las suertes, las compuertas de la felicidad, con el sol que alumbra, tus deseos se cumplirán. Cuando llegue tu día, y puedas ver, dejaste vida y sin ninguna duda no dejaste nada por hacer...

Luego de este pacto, para que estemos unidos, te dejó como legado el susurro de la muerte, en él, puedes quizá encontrar un faro que te guíe en las tinieblas que aparecerán en tu destino. Cuando tengas un problema o una dificultad, abre al azar una página y sabiduría encontrarás.

A través de los diferentes rituales en el mundo de la magia, cuando desee aumentar el poder del pacto de la muerte, se sugiere: Estas, solo se pueden realizar luego de hacer el pacto.

- Encender *"**Las Velas de las Moiras**"* que rigen los destinos.
- Martes en la noche la vela de Cloto la hilandera de los destinos, para atraer almas gemelas.
- Jueves a medianoche, se quema la vela de Láquesis la Moira que da las suertes.

💀 Sábado al atardecer, Átropos, la Moira que alarga o corta la vida.

Esto lo puede realizar cada vez que desee, obtener un beneficio, debe poseer las pociones sagradas y la moneda, el "***Óbolo de Caronte***". Igual debe dibujar los símbolos de la muerte, con las "***Arenas de las almas***"

Invocar a la Santa Muerte, es invocar a la vida, la **siguiente estampa sagrada de la Muerte** se le recomienda recortar la página y conservarla para ejecutar los diferentes rituales. Esto le unirá con el pacto, millones de personas harán lo mismo.

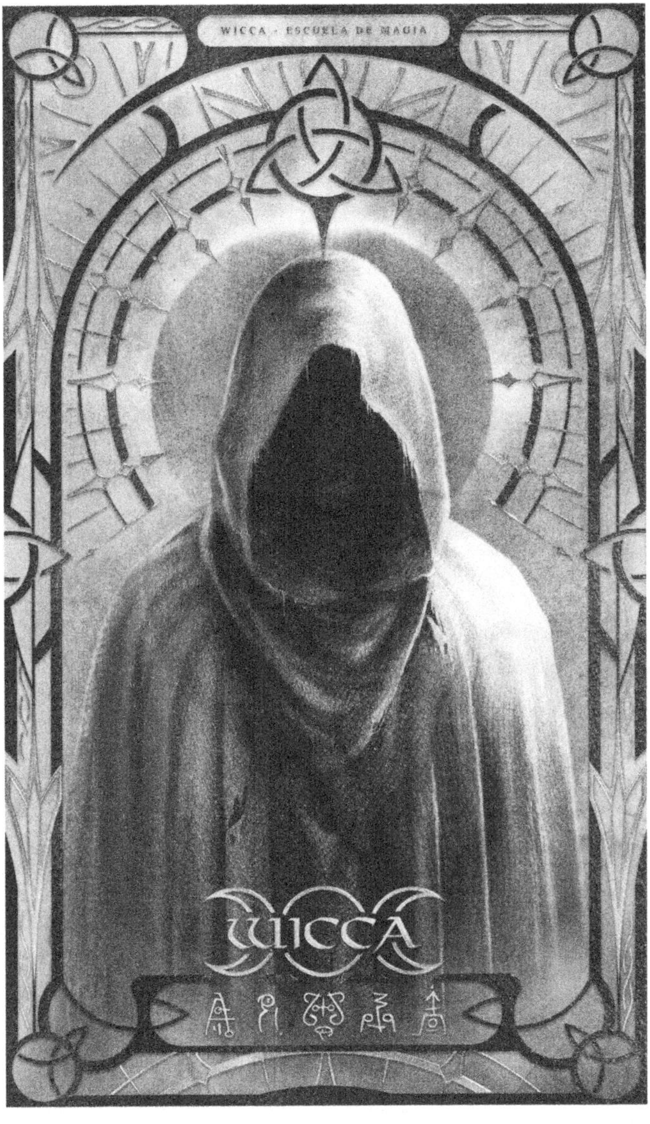
WICCA - ESCUELA DE MAGIA
WICCA

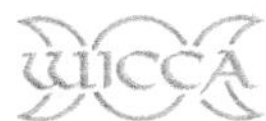

EL SUSURRO DE LA MUERTE

No te desgastes con lo pasajero, la vida ha de continuar, no tengas miedo, todo se ha de solucionar, controla tu mente, vence tu ansiedad, quizá te sientas triste, todo esto por tu bien será.

Aléjate de ti mismo, mira en tu corazón, quizá seas
responsable de lo que hoy es tu dolor.

Deja que la pena pase, piensa en volver a comenzar.

No te abatas tan fácilmente, tienes el poder para comenzar, vence tus temores, tú lo puedes lograr.

No lo hagas...

Busca la sinceridad de tu alma, algo debes remediar,
la vida solo te dice, pon tus cosas en paz.

Todo pasa en tu vida, por una misteriosa razón, dale tiempo al tiempo, viene algo mejor.

Si dejas que tu terquedad te gane, solo tendrás dolor, para algo pasan las cosas, no caigas en la desolación.

Deja que pasen los días... Ya encontraras otra solución, la Moira de la suerte te ha de visitar, pon tu alma en calma para que la puedas esperar...

IG. Inuent.
...cia penes Parcas, Diuûmqʒ hominûmqʒ potestas,
Factaqʒ voluuntur, quicquid et orbis agit.
Illis imperium curæ est sceptrûmqʒ, ligoqʒ,
Illarum in manibus vitaqʒ morsqʒ sita e...

¿A que le temes? Es la hora de enfrentar tus miedos, lucha por tu libertad, nada te lo impide solo tienes que decidir, que quieres de tu vida, no te dejes sucumbir...

Tu destino no está escrito, pero lo puedes escribir, mira bien lo que haces, es algo que debes elegir, piensa en el futuro, con esto lograrás, espera un tiempo y podrás ver todo con más claridad.

Pero puedes y debes hacerlo, remedialo antes que, en tu sufrimiento en otro mal, se convertirá...

Si viajas a la oscuridad, sin luz y sin guía, tu pérdida no evitarás.

Si no te alejas del mal a tiempo, el mal sin duda te atrapará y cuando esto pase no hay quien te pueda ayudar.

No dejes nada pendiente, exígete para lograr que tengas dicha y felicidad, si ignoras tus tareas piensa que vejez vendrá, ¿Cómo quieres llegar a ella, si te dejas vencer?

De que te lamentas, nada sacas con llorar, lo hecho está hecho no lo puedes borrar...

Deja que pase... No obligues ni te humilles...

No permitas que el pasado anide en tu presente, no vale la pena... Abandónalo...

¿La libertad, es tuya, entonces porque aceptas
cadenas y yugos?

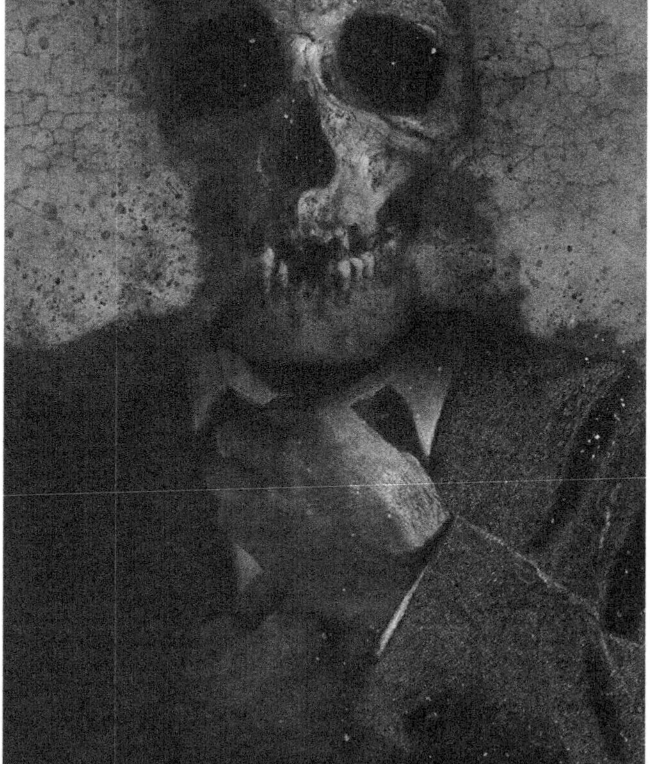

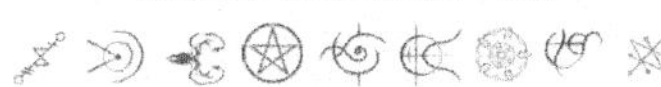

Has el pacto con la muerte, te será de gran ayuda...

Tu futuro es ahora...

Si no comprendes el dolor, para qué lo causas, remedia el daño que has hecho... Antes que sea tarde...

Nada pasa por azar, todo tiene una razón misteriosa,
mira con cuidado en tu corazón están las respuestas.

Mira tu alma, y piensa en tus actos, cuando sobrevenga la adversidad. Pago por Pago debes realizar, venganza o justicia, el equilibrio natural, lo que hiciste; hecho te será, no hay arrepentimiento ni perdón y menos maldad, solo la devolución, ni dios podrá, tu vida cambiar, ni con oraciones y rezos, pondrás tu alma en paz, paga lo que debes con un pago igual, pero a veces, tendrás que pagar más.

Pago por pago, de eso jamás te salvarás y en la otra vida, será igual, la muerte de eso se ha de encargar.

La justicia de la vida está actuando todos lo que me hicieron mal, lo están pagando.

Si bien hoy estás muerto, tu vida ha pasado, tus cosas amadas todo ha quedado en el insondable ayer, dejaste mucho por hacer, dejaste inconclusa tu obra, dejaste vacía una la oportunidad de vivir hoy que comprendes el valor de una vida, el tiempo desaprovechado, hoy que estás tan cerca y tan lejos de la realidad... Hoy que añoras lo que ya no tienes, ni podrás tener, ¿qué harías si te dejo vivir...?

¿Qué le ofrecerías a la muerte a cambio de otra oportunidad? Piensa bien antes de contestar, o sigues tu rumbo a otra encarnación o vuelves a terminar tu obra..

Hoy debes algo agradecer...

Si retas al destino, deberás lidiar con lo que él te traerá...

No oses interrumpir otros destinos, calla y piensa antes de hablar, lo que dirás no lo podrás borrar.

El miedo al futuro es el mejor miedo, eso te ayudará
a no equivocarte, piensa bien lo que haces, y lo que
vas a hacer...

Nadie puede juzgarte, nada puede condenarte, tu solo sabes lo que haces y por qué lo haces.

Puede que nadie sepa lo que vives y haces, lo sabes tú, y en tu juicio evaluarlo deberás.

Cuídate de las sombras, si no sabes cómo pueden engañar, no confíes en quien te alaba, algo trama para dañar.

No te aventures en lo desconocido, excepto que
sepas cómo salir.

Tu hoy es tu mañana, el ayer no cuenta...

Siembra en cada libro que entregues una semilla para tu futuro no solo el terrenal, sino una semilla que florecerá a través de tus encarnaciones, la muerte es la eterna vida.

¿A dónde vas? Qué tan seguro estás de saber
que es lo correcto...

El azar no es la solución a tu vida, estudia, trabaja, construye y no te detengas.

Tus parientes; No son tu familia...

No te prives de vivir y disfrutar "Vive"

Nadie puede engañarte, tú te engañas solo.

Jamás recuperaras el tiempo perdido.

Nadie puede hacerte daño, tú lo permites.

Si juzgas lo mismo que haces, ¿Quién debe ser el condenado?

Detente... Piensa bien si realmente es lo que deseas, si inicias un destino en la oscuridad, difícilmente volverás a la luz.

No temas... Sé valiente.

Habla, no calles, saca el veneno que te consume... Y
prepárate...

Si no tienes dignidad, para que te sirve pelear.

Nadie puede humillarte, tú lo haces solo.

El amor no es poseer, déjalo libre...

Has cometido una equivocación... ¡remedialo!

Nada muere, la muerte es el inicio de algo
nuevo ¡Espéralo!

Los problemas son solo soluciones escondidas,
normalmente, las encuentras sin buscarlas.

No te entrometas en otros destinos que no sean los tuyos.

Aprende a decir ¡No!

Si quieres algo, algo deberás dar...

No le temas a las ausencias, son el bálsamo que
sana las almas.

Hay cosas en la vida, contras las que nada puedes hacer, ¡acéptalas!

Nunca pierdes, nunca ganas, solo es el ciclo de la
vida...

La verdad no existe.

Todo es tuyo, pero no podrás poseer nada, así que olvida.

.... La muerte se silenció... Fui llevado a otros mundos, que existen entre la vida y la muerte, al sentir la presencia de la bruma, comprendí que la muerte es la vida. Vivimos sin saber el profundo contenido de estar encarnados, en la misma libertad existe el concepto que después de la vida no hay nada, solo un sueño del que no se despierta, pero... Hay otra realidad, la continuidad de las almas.

En la naturaleza nada desaparece para siempre, no existe como pueda hacerlo, por más que se intente destruir cualquier cosa, lo único que se hace es transformarla, muere en un estado para ser otro.

La mariposa nace y muere muchas veces antes de ser mariposa, toda la naturaleza se renueva para morir, y muere para vivir. Es la mente la que ignora esa profunda sabiduría de las vidas y muertes que en sí son vida y muerte.

Al comprender que la esencia encarnada no desaparece, la encarnación toma sentido, cuando se observa que las nuevas almas que llegan poseen recuerdos de otras vidas, no de lugares o personas, recuerdos de profundos conocimientos.

Los tanatonautas o viajeros de la muerte, que la ciencia identifica como el síndrome de Lázaro, el retorno espontáneo de quienes han muerto y regresan a la vida.

Narran las experiencias extracorpóreas que tienen mientras están muertos, los antiguos monjes en profunda concentración vivían otro tipo de experiencias extracorpóreas, conocidas como desdoblamiento.

Fisiológicamente, los cuerpos son similares, iguales órganos, iguales procesos fisiológicos en todos, pero... Tan diferentes en personalidades, aún entre hermanos hijos biológicos de la misma esencia, óvulos iguales, esperma igual, cuerpos similares, pero profundamente diferentes.

El alma es el ser que vibra unido al espíritu y al mundo terrenal, es la consciencia de ser, al leer estas líneas la voz que está en su mente, y las preguntas o afirmaciones que hace, son proyecciones de su alma.

Es esa energía que se separa con la muerte y en ocasiones se escapa con los sueños, en su mente existen eventos que ahora recuerda de episodios donde en sueños o

estados de letargo se han sentido fuera de su cuerpo. Es la energía fantástica de la vida, controlada por la muerte, encarna y desencarna a través del infinito tiempo y espacio.

Si en un estado de relajación, ingresará a su mente viajando a sus más profundos recuerdos, puede avistar su alma. Sus deseos, aquello que le gusta y le apasiona, ese algo misterioso que le hace sentir una profunda atracción por algo determinado, sus gustos no son de este mundo, son recuerdos plasmados en su espíritu, algo de otras encarnaciones.

No existe ninguna forma humana de demostrar la vida después de la muerte, pero, existen un sinnúmero de fenómenos que nos permiten dilucidar que algo extraordinario sucede antes de morir.

☠ Recuperación de la energía irradiada o recoger los pasos.

☠ Desprendimiento de lazos o vínculos con las personas cercanas, movimientos de objetos, sueños, premoniciones.

☠ El abrazo de la muerte, sensación de parálisis espontanea estado consciente

☠ Enfermedad o muerte de mascotas

- Aparición de determinadas aves o insectos
- Percepción de aromas, olor a tierra mojada, flores, incienso, etc.
- Actitudes que ejecutan algunas personas antes de morir, ordenar, zurcir, limpiar, arreglar, hablar de la muerte, etc.
- Premonición de la muerte, es la sensación que aparece como opresión el pecho, impide la tranquilidad y produce desasosiego durante días, antes que alguien cercano muera, luego de la muerte la sensación desaparece.
- Sueños premonitorios que anuncian que alguien va a morir, normalmente, se inicia con un sueño revelador que se repite cuando alguien va a fallecer.
- Pesadez en los ambientes.
- Hipotermias, o sensación de un extraño frió.
- Aparición de extrañas luces o candelillas.
- Aparición de esferas de luz, gasas, o escarcha.

Son variadas las señales que se perciben antes de la muerte, si no existiera un desprendimiento no deberían ocurrir, y si ocurren esa "energía" a algún lugar debe migrar.

Después de la muerte

- Presencias invisibles
- Aromas que identifican a la persona fallecida
- Aparición del fantasma una gasa con la silueta de quien falleció
- Aparición de espectros, se ve la silueta de la persona, pero en el estado de descomposición, normalmente, aparece así a quienes le causaron daño.
- Visión del alma, una luz intensa que aparece sin forma
- Sueños reveladores
- Sonidos
- Psicofonías que se pueden grabar, voces de la persona fallecida
- Desplazamiento de objetos

Son variados los fenómenos que se presentan luego de la muerte, los cuales pueden llegar hasta el extremo de casas poseídas, donde no se puede habitar. Todos estos elementos y muchos más pueden abrir una ventana que ayude a comprender que existe algún tipo de continuidad luego de la muerte. No es difícil encontrar en toda la historia de la humanidad, los más profundos tratados sobre la muerte, griegos, egipcios, mayas,

prácticamente todas las culturas, religiones, credos, han afirmado la presencia de la muerte y sus misterios.

De una u otra forma, es un tema que existe latente en todas las mentes, la muerte un evento inevitable de la vida. Charlas con la muerte, es una experiencia personal, en ningún momento pretendo convencer a nadie de la existencia de otra vida, pero...

Usted es libre de asumir este libro para su vida o ignorarlo, solo trascribo un suceso, si considera que este documento en algo le ha servido y desea un pacto de vida, es su libertad.

Pero... Siempre debe pensar, que es lo importante, ¿Lo que ha hecho, o lo que dejo de hacer?

Todo lo que hoy vives, es pasajero, tu alma descubre el verdadero sentido de la vida en las dificultades... Pruébate...

Lo único que el tiempo no perdona, es lo que a tiempo no se hace... Algún día su frase será...

¿Estoy Muerto?

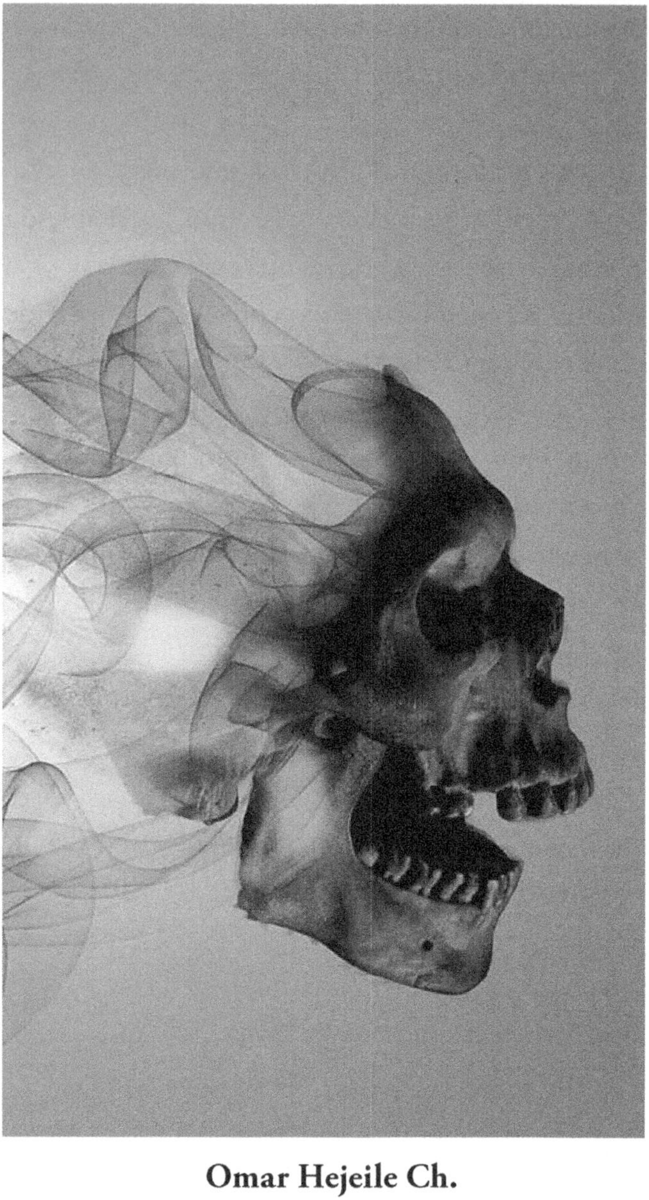

Omar Hejeile Ch.

Enciclopedia Universo de la Magia

¿Desea aprender magia?

Ingrese a la escuela de la magia a través de nuestra enciclopedia en Ofiuco Wicca. El poder oculto de la mente, la influencia sin espacio ni tiempo. Un conocimiento guardado por milenios, ahora en sus manos.

WWW.OFIUCO.COM

Made in United States
North Haven, CT
06 March 2024